أطفالنا

تربيتهم وثقافتهم وإبداعهم

محمد الجعاعرة

الطبعة الأولى

2012م /1433 هـ

دار البداية ناشرون وموزعون

أطفــالنا
تربيتهم وثقافتهم وإبداعهم

رقم الإيداع لدى دائرة المكتبة الوطنية (٢٩٤٤/١١/ ٢٠٠٦)

٣٦٢.٨
جعاعرة، محمد علي
أطفالنا، تربيتهم وثقافتهم وإبداعهم/ محمد علي جعاعرة.
_عمان: دار البداية, ٢٠٠٦.

(   ) ص
ر.أ: (٢٠٠٦/١١/٢٩٤٤).

الواصفات: / رعاية الطفولة// الأطفال// الخدمات الاجتماعية/

* تم إعداد بيانات الفهرسة والتصنيف الأولية من قبل دائرة المكتبة الوطنية.

(ردمك)٩٩٥٧-٤٥٢-٣٠-٤ ISBN

الطبعة الأولى

٢٠١٢م - ١٤٢٨هـ

دار البداية ناشرون وموزعون

عمّان - شارع الملك حسين - مجمع الفحيص التجاري
هاتف: ٤٦٤٠٦٧٩ - تلفاكس: ٤٦٤٠٥٩٧
ص.ب ٥١٠٣٣٦ عمان ١١١٥١ الأردن

إهـــــداء

إلى والديّ اللذان ربياني فأحسنا تربيتي

أُهدي كتابي هذا

المؤلف

مقدمـــة:

أطفالنا فلذات أكبادنا، وهم شباب المستقبل وغَدِه المشرق. يجـب علينـا أن نـربيهم ونـثقفهم ونجعلهم مبدعين؛ ليحققوا ذواتهم ويجعلون أحلامنا المتعلقة بهم حقيقة واقعية، لا خيال.

وهذا دورٌ مهم يتعلق بالأب والأم والمربي والمربية والمعلـم والمعلمـة، فالأطفـال أمانـة في عنق الجميع. وسنسأل عنهم ونحاسب حساباً عسيراً على تقصيرنا إن وُجد، ولنا الأجر والمثوبة على إحساننا وحسن رعايتنا لهم.

ولذلك جاء هذا الكتاب ليسلّط الضوء على تربية الأطفال وتثقيفهم وكيفيـة جعلهـم مبـدعين، فاقتضت طبيعته أن يقسم إلى ثلاثة فصول، على النحو التالي:

الفصل الأول: تربية الطفل.

والفصل الثاني: ثقافة الطفل.

والفصل الثالث: إبداع الطفل.

وقد رجعت إلى المراجع المعتمدة والتي لها علاقة بهذا الموضوع، إضافة إلى الإنترنت ومواقعـه وما فيه من أطروحات لها علاقتها المباشرة بموضوعنا.

أرجو أن يستمتع القارئ الكريم ويستفيد من معلومات هذا الكتاب

المؤلف

٢٠٠٧م

الفصل الأول

تربيـــــــة الطفـــــــل

- مفهوم وأهداف التربية في نظر الإسلام.
- تربية الأبناء علمٌ ومسؤولية.
- تربية الأبناء فن له أصول.
- أخطار تدمر حياة أطفالنا.
- ترغيب أطفالنا على أداء الصلاة .
- كيفية مساعدة الطفل على صوم رمضان.
- شخصية الطفل .
- مشكلة نوم الطفل في الصف.
- كيفية التعامل مع الطفل الشقي.
- معالجة الألفاظ البذيئة التي يتلفظ بها الطفل.

مفهوم وأهداف التربية في نظر الإسلام

إنَّ المجتمع الإسلامي الأول قام بالعملية التربوية أَحسن قيام مستعيناً في ذلك بما جاء في القرآن الكريم، والسنة النبوية من مبادئ - تربوية سامية وشاملة، من هنا ظهر جيل إسلامي فريد، سطّر له التاريخ أعمالاً امتدّ أثرها وعمّ أرجاء الدنيا.

إنَّ التربية الإسلامية نظام تربوي كامل، يقوم كل جانب فيه على تعاليم الإسلام ومفاهيمه ومبادئه ومقاصده، ولذا فهي تختلف عن جميع الأنظمة التربوية من حيث مصادرها وأهدافها، وبعض أسسها ومبادئها ومؤسساتها وأساليبها، وخصائِصها، وهي التي بدأت بتربية رسول الله عليه الصلاة والسلام لصحابته الكرام وإعدادهم، وتنشئتهم ورعاية جوانب نموهم، وتفتيح استعداداتهم، وتوجيه قدراتهم وتنظيم طاقاتهم، حتى أصبحوا خير الأجيال عبر التاريخ الإنساني، والتربية الإسلامية هي العملية التربوية التي سار عليها المسلمون بعد نبيهم عليه الصلاة والسلام في تنشئة أجيالهم وإعدادهم حتى أصبحوا بها رجال الإسلام، والإيمان، والفكر والعلم، والتهذيب والخلق، وسادات العالم وخير أمة عرفتها البشرية، والتربية الإسلامية هي النظام المنبثق من نصوص القرآن الكريم، والسنة النبوية، والهادفة لتنشئة المسلم وتوجيهه، ورعاية جوانب نموه، لبناء سلوكه، وإعداده لحياتي الدنيا والآخرة، والذي افترض الله على المربين آباء ومسؤولين أن يأخذوا به وحده دون غيره من الأنظمة التربوية[1]. وبذلك يتبين لنا مفهوم التربية في نظر الإسلام.

(١) محمد بن مقبل بن محمد المقبل: «الأولاد وتربيتهم في ضوء الإسلام»، ص ١٩ - ٢٣.

أمّا بالنسبة لأهداف التربية في نظر الإسلام:

فمن الممكن أن تحدد على الضوء التالي:

أولاً: أهداف عامة، وهي تقريباً تتلخص في غاية واحدة هي عبادة اللـه كما في قوله تعالى: ﴿وَمَا خَلَقْتُ الْجِنَّ وَالْإِنْسَ إِلَّا لِيَعْبُدُونِ﴾ [1]، فالهدف الأول إذا هو تحقيق عبادة اللـه. والعبادة معنى عام شامل لكل نشاط يقوم به الإنسان على هذه الأرض. أي أن هذا الهدف يتمثل في تحقيق عبادة اللـه والاستخلاف في الأرض.

ثانياً: أهداف خاصة، وهي تعني بإعداد الإنسان الإعداد التام من جميع جوانبه لتحقيق الهدف الأسمى، ببناء شخصيته المتكاملة المتوازنة لتوجد الفرد السوي القادر على تحمل تبعات هذه الأمانة. وإذا كان كل فرد يكوّن لبنةً من لبنات المجتمع، واستطعنا أن نربي كل فرد تربية إسلامية، نكون كونّا مجتمعاً إسلامياً.. وهذه المجتمعات بدورها تبني أمة مؤمنة خيّرة، ويمكننا أن نوضح أكثر من الأهداف الخاصة على النحو التالي:

١- بناء إنسان متكامل.

٢- بناء خير أمة مؤمنة أُخرجتَ للناس.

٣- بناء حضارة إنسانية إسلامية.

ولما كانت الخطوة الأولى لتحقيق هذه الأهداف تنطلق من بناء الإنسان بناءً متكاملاً - كما تقدم - فبالأفراد تتكون الأمة، والأمة تبني الحاضرة [2].

وبذلك يتبين لنا مفهوم وأهداف التربية في نظر الإسلام.

---

(١) سورة الذاريات: (٥٦).

(٢) محمد بن مقبل بن محمد المقبل: «الأولاد وتربيتهم في ضوء الإسلام». ص ٢٣ - ٢٨.

تربية الأبناء علم ومسؤولية

ثبت في "الصحيحين" وغيرهما، من حديث ابن عمر رضي الـلـه عنهما قال: سمعت رسول الـلـه صلى الـلـه عليه وسلم، يقول: (كلكم راعٍ وكلكم مسؤول عن رعيته، فالإمام راع ومسؤول عن رعيتـه، والرجل راعٍ ومسؤول عن رعيته، والمرأة راعية في بيت زوجها ومسؤولة عن رعيتها ..." وهـذا حـديث عظيم، من الأحاديث التي يستفاد منـه جملـة أحكـام تتعلـق بعلاقـات أعـضاء المجتمـع كافـة، بـدءاً برئيس الدولة وانتهاء بخادم المنزل...

وفي وقفتنـا التاليـة نحـاول أن نـسلط الـضوء عـلى جانـب مـن الجوانـب المـستفادة مـن هـذا الحديث، وذلك موضوع مسؤولية الوالدين عن تربية أبنـائهما، وهـو موضـوع لا يختلـف اثنـان عـلى أهميته، وإن كان الاختلاف واقعًا من حيث تطبيقه.

التربيــة علــــم

بادئ ذي بدء لابد مـن القـول: إن التربيـة عمومـاً لم تعـد عمليـة عـشوائية، متروكـة للرغبـات والعادات، بل أصبحت علماً له أصوله وفصوله، وقواعده وأُسـسه، التـي يقـوم عليهـا، ويـستند إليهـا، ومن ثَمَّ كان من الأهمية بمكان أن يكون المربي على علم، واطـلاع عـلى تلـك القواعـد والأصـول التـي تقوم عليها عملية التربية .

وإذ تقرر هذا، حُقَّ لنا أن نقول: إن على الوالدين الحريصين على تنشئة أبنائهما تنشئة سـليمة وسديدة، أن يضعوا خطـة عمليـة، تراعـي ظـروف المـربِّي وإمكانيـة المـربَّى، وإن شـئت قـل: إن عـلى الوالدين أن يكونا صاحبي مشروع تربـوي هـادف، وصـاحبي هـدف تربـوي واضـح، وصـاحبي رؤيـة تربوية واقعية .

فالتربية المطلوبة إذن، هي تلك التي تُعدُّ الطفل - وَفْقَ منهج واضح ومدروس - لدخول مدرسة الحياة بكل قوة، وحيوية، وفاعلية، دون خوف أو وجل أو تردد...تلك التربية التي تهيئ الطفل ليفتح نوافذه لكل الرياح، لكن دون أن يسمح لتلك الرياح أن تقتلعه من جذوره...تلك التربية التي تحمله وتدفعه للمضي قُدُماً دون التفات إلى الوراء...تلك التربية التي تنير له السبيل ليصل إلى نهاية المشوار.

فهذه التربية المرجوة التي نهدف إليها، ونعمل من أجلها...لا تلك التربية التي تنشئ الطفل على الدلال والدعة والخمول والكسل (**أَوَمَنْ يُنَشَّأُ فِي الْحِلْيَةِ وَهُوَ فِي الْخِصَامِ غَيْرُ مُبِينٍ**)(الزخرف:١٨) .

خطوات عملية

وإذا مضينا قُدمًا من التنظير إلى التفعيل، كان علينا أن نقول: إن للتربية الصحيحة مناهج ينبغي على المربي أن يضعها نصب عينيه، ويسعى لتفعليها فيما هو مقدم عليه. ويأتي في مقدمة ذلك القدوة الحسنة، فهي أسُّ التربية وعمادها، وذلك أن الطفل يتعلم بالقدوة الحسنة أكثر مما يتعلم بالكلام وغيره، وهذا أمر مشاهد وملموس لا يحتاج لإقامة الدليل عليه. فلتحرص أخي المربي على تفعيل هذا الجانب، ولتعلم أن أبناءك لا يمكن أن يكونوا قارئين لكتاب الله إلا إذا رأوك فاعلاً لذلك، وأن أولادك لا يمكن أن يكونوا صادقين إلا إذا كان حديثك حديث صدق، ومثل هذا يقال في السلوكيات الإنسانية كافة .

ومن الخطوات العملية التربوية، أن نلحظ ميول الأطفال واتجاهاتهم، ومن ثَمَّ نسعى لتنميتها وتشجيعها، وإن لم تكن تلك الميول والرغبات داخلة في دائرة اهتمامنا.

ويفيد التذكير في هذا السياق، أن جميع الأطفال يولدون ولديهم قدرات متساوية، لكننا نحن الذين نمسخ تلك القدرات بأساليبنا التربوية الخاطئة، سواء أكان ذلك في البيت أم في المدرسة؛ وقد أكدت الدراسات العلمية في هذا المجال أن الأطفال الذين يتلقون الدعم والتشجيع من آبائهم يكونون أكثر سعادة ونجاحاً في رحلة الحياة .

تفاعل وحوار

ثم إن التربية الجيدة ليست تلك التربية التي تجعل الطفل يشعر نفسه وكأنه جندي يعيش في ثكنة عسكرية في حالة ترقب وحذر، ينتظر تلقي الأوامر والنواهي لتنفيذها... وإنما تلك التربية التي يستمتع معها الطفل بصحبة والديه، ويشعر أن اختياراته وآرائه موضع احترام واعتبار وتقدير .

فمثلاً من خلال المصاحبة في الرحلات والمناسبات يستطيع المربي أن يقدم خدمة تربوية لمن هو في كنفه ورعايته، ولا ريب فإن التعليم من خلال المصاحبة والمشاركة العملية يعطي من النتائج الإيجابية ما لا يتحقق من طريق آخر .

مفاهيم خاطئة

على أن من الأمور التي يجب الاهتمام بها، والتنبه لها هنا، أن يتخلى المربي عن أسلوب التلقين في التربية، بل عليه أن ينصرف إلى تنمية القدرات الإبداعية وتطويرها لدى الطفل، وعلى المربي أن يضع في حسابه أن نظرية الطفل المبدع بالفطرة قد انتهت، وأصبحت في ذمة التاريخ، ذلك الطفل الذي يولد مزوّداً بالموهبة...وقد أثبت العلم أن الإبداع أصبح علماً يمكن تكوينه وتطويره، وقرر كذلك أن تطوير أي قدرات خاصة مرهون بالجهد الذي يبذل في هذا الاتجاه أو ذاك.

أيها المربي - رعاني اللـه وإياك - ضع نُصب عينيك، وأنت تقـوم بعملـك التربـوي أن تـزرع في نفس طفلك - بعد مفاهيم الإيمان الصحيح - مهارة الاعتماد على النفس، والثقة بها، والاعتـزاز بها...وعليه فلا تفعل شيئاً بالنيابة عن طفلك يمكنه القيام به، بل خـذ بيـده ليقـوم بالعمـل بنفسه، وادفع به ليقتحم أبواب الحياة بكل قوة (يَا يَحْيَى خُذِ الْكِتَابَ بِقُوَّةٍ وَآتَيْنَاهُ الْحُكْمَ صَبِيّاً) (مـريم: ١٢) ثم لا عليك بعد ذلك في أي السواحل ألقت به الأمواج .

يقول الشاعر والمفكر الإسلامي إقبال - رحمه اللـه - في هـذا المجـال: "يا مـربي الجيـل الجديد: ألق عليهم دروس التواضع، والاعتزاز بالنفس، والاعتـداد بالشخصية، علمهـم كيـف يـشقون الصخور...ويدكُّون الجبال، فإن الغرب لم يعلمهم إلا صنع الزجاج" ثم تأمل في قوله:

أحب احتراقي بنار اشتياقي   ولا أرتضي عيشة الخاملين

فناء الفراشة في النار يعلو   حياة الجبان طوال السنين

تربية الأبناء فن له أصول

معاملة الأبناء فن يستعصي على كثير من الآباء والأمهات في فترة من فتـرات الحيـاة . وكثـيرا مـا يتساءل الآباء عن أجدى السبل للتعامل مع أبنائهم .

والحقيقة أن إحساس الولد بنفسه يأتي من خلال معاملتـك لـه، فإن أنـت أشعرتـه أنـه " ولـد طيب "، وأحسسته بمحبتك، فإنه سيكون عن نفسه فكرة أنـه إنسان طيب مكـرم، وأنـه ذو شـأن في هذه الحياة . أما إذا كنت قليل الصبر معه، تشعره أنه " ولد غير طيب "، وتنهـال عليـه دومـا بـاللوم والتوبيخ، فإنه سينشأ على ذلك، ويكون فكرة سلبية عن نفسه، وينتهي الأمر إما بالكآبة والإحباط، أو بالتمرد والعصيان .

علمه أين العيب :

إذا رأيته يفعل أشياء لا تحبها، أو أفعالا غير مقبولة، فأفهمه أن العيب ليس فيه كشخص، بـل إن الخطأ هو في سلوكه وليس فيه كإنسان .

قل له : " لقد فعلت شيئا غير حسن " بدلا من أن تقول له " إنك ولد غير حـسن" . وقل لـه " لقد كان تصرفك مع أخيك قاسيا " بدلا من أن تخبره " إنك ولد شقي".

تجنب المواجهات الحادة:

ومن الأهمية أن يعرف الوالدان كيف يتجاوبان برفق وحزم في آن واحد مع مشاعر الولد، فـلا مواجهة حادة بالكلام أو الضرب، ولا مشاجرة بين الأم وابنها، إنما بإشعاره بحزم أن ما قالـه شيء سـيئ لا يمكن قبوله، وأنه لن يرضى هو نفسه عن هذا الكلام .

ولا يعني ذلك أن يتساهل الوالدان بترك الولد يفعـل مـا يـشاء، بـل لا بـد مـن وجـود ضوابط واضحة تحدد ما هو مقبول، وما هو غير مقبول .

فمن حق الطفل أن يعبر عن غضبه بالبكاء أو الكلام، ولكن لا يسمح لـه أبـدا بتكـسير الأدوات في البيت، أو ضرب إخوته ورفاقه .

أحبب أطفالك ولكن بحكمة :

ولا يمكن للتربية أن تتم بدون حب . فالأطفال الـذين يجـدون مـن مـربيهم عاطفـة واهتمامـاً ينجذبون نحوه، ويصغون إليه بسمعهم وقلبهم .

ولهذا ينبغي عـلى الأبـوين أن يحرصـا عـلى حـب الأطفـال، ولا يقومـا بـأعمال تبغـضهم بهـما، كالإهانة والعقاب المتكرر والإهمال، وحجز حرياتهم، وعدم تلبية مطالبهم المشروعة .

وعليها إذا اضطرا يومـاً إلى معاقبة الطفل أن يسعيا لاستمالته بالحكمة، لئلا يزول الحـب الـذي لا تتم تربية بدونه . وليس معنى الحب أن يستولي الأطفال على الحكم في البيت أو المدرسة، يقومون بما تهوى أنفسهم دون رادع أو نظام . فليس هذا حبا، بل إنه هو الضعف والخراب .

وإن حب الرسول صلى اللـه عليه وسلم لأصحابه لم يمنعه من تكليفهم بالواجبـات، وسـوقهم إلى ميادين الجهاد، وحتى إنزال العقوبة بمن أثم وخرج على حدود الدين . وكل ذلك لم يسبب فتـورًا في محبة الصحابة لنبيهم، بل كانت تزيد من محبتهم وطاعتهم لنبيهم .

احترمي زوجك :

ويحتاج الأب لكي يظفر بصداقة أبنائه إلى عطف زوجته واحترامها له . فالزوجة الصالحة التي تشعر أبناءها في كل وقت بعظمة أبيهم، وتقودهم إلى احترامه وحبه، وتؤكد في أنفسهم الشعور بما يملك من جميل المناقب والخصال . وهي تقول للطفل تمسك بهذا الخلق، فإنه يرضي أباك، وتجنب ذلك الخلق فإنه يغضب أباك ويغضب ربك .

هدية .. ولو دمية:

وإذا أردت أن تصادق طفلك، فلا بد أن تعرف أن فمه أكثر يقظة من عقله، وأن صندوق الحلوى أفضل إليه من الكتاب الجديد، وأن الثوب المرقش أحب إليه من القول المزخرف .

وأن الأب الذكي هو الذي يدخل البيت وفي يده هدية أو تحفة أو طرفة . وليذكر دوما أن في الدنيا أشياء هي عندنا أوهام، وهي عند الأطفال حقائق . ولن نظفر بصداقتهم إلا إذا رأينا الدنيا بعيونهم .

استمع إلى ابنك :

إذا أتاك ابنك ليحدثك عما جرى معه في المدرسة، فلا تضرب بما يقول عرض الحائط . فحديثه إليك في تلك اللحظة - بالنسبة له - أهم من كل ما يشغل بالك من أفكار . فهو يريد أن يقول لك ما يشعر به من أحاسيس، بل وربما يريد أن يعبر لك عن سعادته وفرحه بشهادة التقدير التي نالها في ذلك اليوم.

أعطه اهتمامك إن هو أخبرك أنه نال درجة كاملة في ذلك اليوم في امتحـان مـادة مـا . شـجعه على المزيد، بدلا من أن يشعر أنك غير مبال بذلك، ولا مكترث لما يقول .

وإذا جاءك ابنك الصغير يوما يخبرك بما حدث في المدرسة قائلا: " لقد ضربني فـلان في المدرسـة " وأجبته أنت : " هل أنت واثق بأنك لم تكن البادئ بضربه ؟ " فتكون حقا قد أغلقـت بـاب الحـوار مع ابنك . حيث تتحول أنت في نظر ابنك مـن صـديق يلجـأ إليـه إلى محقـق أو قـاض يملـك الثـواب والعقاب .

بل ربما اعتبرك ابنك أنه محقق ظالم وأنه يبحث عن اتهام الضحية ويصر على اكتشاف الـبراءة للمتعدي عليه .

فإذا تكلم الابن أولاً إلى والديه ،فعلى الوالدين إبداء الانتباه، وتواصل الحوار، وينبغـي مقاومـة أي ميل إلى الانتقاد أو اللامبالاة بما يقوله الابن .

داعب أطفالك :

كان رسول اللـه صلى اللـه عليـه وسلم يداعب الأطفـال ويرأف بهـم، ومـن ذلـك مواقفـه المعروفة مع أحفاده وأبناء الصحابة رضوان اللـه عليهم .

روى أبو هريرة أن رسول اللـه صلى اللـه عليه وسلم قبل الحسن بن علي وعنده الأقرع بـن حابس التميمي جالس، فقال الأقرع : إن لي عشرة من الولد مـا قبلـت مـنهم أحـدًا . فنظر الرسـول الكريم إليه ثم قال : " من لا يَرحم لا يُرحم " . متفق عليه .

وكان معاوية رضي اللـه عنه يقول : " من كان له صبي فليتصاب له".

وكان رسول اللـه صلى اللـه عليه وسلم يداعب الأطفال فيمسح رؤوسهم، فيشعرون بالعطف والحنان . فعن عبد اللـه بن جعفر رضي اللـه عنهما قال : مسح رسول اللـه صلى اللـه عليه وسلم بيده على رأسي وقال : اللهم اخلف جعفرًا في ولده " رواه الحاكم .

كما كان يمسح خد الطفل كما ورد في صحيح مسلم عن جابر بن سمرة قال : صليت مع رسول اللـه صلى اللـه عليه وسلم ثم خرج إلى أهله وخرجت معه فاستقبله ولدان – أي صبيان – فجعل يمسح خدي أحدهم واحدًا واحدًا .

وروى النسائي : " أن رسول اللـه صلى اللـه عليه وسلم كان يزور الأنصار ويسلم على صبيانهم، ويمسح رؤوسهم " .

اترك لطفلك بعض الحرية:

وأسوأ شيء في دورنا ومدارسنا – كما قال أحد المربين – المراقبة المتصلة التي تضايق الطفل وتثقل عليه، فاترك لـه شيئا مـن الحريـة، واجتهد في إقناعـه بـأن هـذه الحريـة سـتسلب إذا أسـاء استعمالها . لا تراقبه ولا تحاصره، حتى إذا خالف النظام فذكره بأن هناك رقيبًا .

إن الطفل يشعر بدافع قوي للمحاربة من أجل حريته، فهـو يحـارب مـن أجل أن يتركـه الأب يستخدم القلم بالطريقة التي يهواها .. ويحارب مـن أجل ألا يستسلم لارتـداء الجوارب بالأسلوب الصحيح .. والحقيقة الأساسية أن الابن يحتاج إلى أن تحبه وأن تحضنه لا أن تحاصره .. ويحتاج إلى الرعاية الممزوجة بالثقة . ويحتاج إلى أن تعلمه كل جديد من دون أن تكرهه عليه ..

وباختصار : لا تجعل أكتاف الطفل ملعبًا تلهو به بكرة القلق الزائد.

أوامر حازمة .. لكن بحكمة :

ينبغي أن تكون الأوامر حازمة، وأن تتضمن اللهجة أيضا استعداد الأب والأم لمساعدة الطفل . فإذا كان الطفل قد فرش أرض الغرفة بعلبه الكثيرة فيمكن للأم أن تقول له :

هيا نجمع اللعب معا . وهنا تبدأ الأم في جمع لعب الطفل، وسيبدأ الطفـل فـورا في مسـاعدة الأم .

وكثيرا ما نجد الطفل يتلكأ، بل قـد يبكي ويصرخ عندما تطلب منـه الأم بلهجـة التهديـد أن يذهب ليغسل يديه أو أن يدخل الحمام . ولكن الابن لـو تلقـى الأمـر بلهجـة هادئـة فسيستجيب بمنتهى الهدوء . فكلما زاد على الطفل الإلحاح شعر بالرغبة في العنـاد، وعـدم الرغبـة في القيـام بما نطلب منه من أعمال.

بعض الآباء يتفاخر بأن أبناءهم لا يعصون لهم أمرًا، ولا يفعلون شيئا لم يؤمروا به !!

والبعض الآخر يتعامل مع أطفاله وكأنهم ممتلكات خاصة لا كيان لهـم . وآخرون يكلفـون أبناءهم فوق طاقتهم، ويحملونهم من المسؤوليات ما لا يطيقون . في كل هذه الحالات مغالاة، وبعـد عن الأسلوب الحكيم في التربية وهو " خير الأمور أوسطها " .

قللوا من التوبيخ :

انتبهوا أيها الآباء والأمهات إلى ضرورة التقليـل مـن التـوبيخ الأوتومـاتيكي وغـير الـضروري وإلى التقليل من الرقابة الصارمة على الأطفال . فالطفل ليس آلة نديرها

حسبما نشاء . إن له إبداعه الخاص في إدارة أموره الخاصة، فلماذا نحرمه من لذة الإبداع ؟

وكثيرا ما يواجه الطفل بالعديد من الأسئلة والأوامر : " لماذا تضحك هكذا؟ لماذا تمشي هكـذا ؟ .. انطق الكلمات نطقاً سليمًا .. لا تلعب بشعرك .. اذهب ونظف أسنانك " .

وكل ذلك قد ينعكس في نفس الطفل فيولد حالة من عدم الاطمئنان، أو فقدان الثقة بـالنفس .

وكثيرا ما ينال الطفل الأول الحظ الأوفر من الاهتمام الجشع والرقابة الصارمة من قبل الأبـوين ثم ما يلبث الأبوان أن يشعرا بأنهما قد تعلما الكثير من طفلهم الأول، فيشعران أنهما بحاجة لإعطـاء وليدهما الثاني بعض الحرية، فيتصرفان مع الطفل الثاني بمزيد من الثقة خلافا للطفل الأول .

وعلى الأم أن تنمي عادة الحوار الهادئ مـع طفلهـا، فتطـرح عليـه بعـض الأسـئلة لـترى كيـف يجيب عليها، وتعوده على عدم رفع الصوت أثناء الحديث، وعدم مقاطعة المتحدثين وهكذا ..

تسأله مثلا : " ماذا تفعل لو رأيت أخاك يضربه رفاقه ؟ وماذا تفعل لو رأيت طفلا مجروحـا في الطريق ؟ " .

فالأطفال الذين لا يكلمهم آباؤهم إلا نـادرا ينـشئون أقـل ثقـة بـالنفس مـن الـذين يعـودهم آباؤهم على الكلام والحوار الهادئ .

سلوك أبنائك من سلوكك :

عندما يصرخ الأب قائلا إنه يتعـب كثـيراً، ولا ينـال شـيئا مقابـل تعبـه وهـو المظلـوم في هـذه الحياة، فإن ذلك ينقلب في ذهن طفله إلى أن الرجل هو ضحية

المرأة، وأنه من الأفضل عدم الزواج . وعندما تصرخ الأم بأن الرجل هـو الكـائن الوحيـد الـذي يستمتع بالحياة، وهو الذي يستغل كـل جهـد للمـرأة، فـإن هـذا الـصراخ ينقلـب في وجـدان الفتـاة الصغيرة إلى كراهية الرجل وعدم تقديره . ولهذا تجدها تنفر من الزواج عندما تكبر .

والابن الذي يرى أباه يحتقر أمه يعتبر ذلك " الاحتقار " هو أسلوب التعامل المجدي مع المـرأة . والبنت التي ترى أمها كثيرة التعالي على الأب وتسيء معاملته يـستقر في ذهنهـا أن أسـاس التعامـل مع الرجال التعالي عليه والإساءة إليه .

والخلاصة أنه ينبغي أن تكون معاملة الوالدين ثابتة على مبادئ معينة، فلا تمـدح اليـوم ابنـك على شيء زجرته بالأمس على فعله، ولا تزجره إن عمل شيئا مدحته بـالأمس عـلى فعلـه . ولا ترتكـب أبدا ما تنهى طفلك عن إتيانه.

أخطار تدمر حياة أطفالنا

أولاً : الصرامة والشدة :

يعتبر علماء التربية والنفسانيون هذا الأسلوب أخطر ما يكون على الطفل إذا استخدم بكثرة فالحزم مطلوب في المواقف التي تتطلب ذلك، أما العنف والصرامة فيزيدان تعقيد المشكلة وتفاقمها؛ حيث ينفعل المربي فيفقد صوابه وينسى الحِلْم وسعة الصدر فينهال على الطفل معنفا وشاتما له بأقبح وأقسى الألفاظ، وقد يزداد الأمر سوءاً إذا قرن العنف والصرامة بالضرب ...

وهذا ما يحدث في حالة العقاب الانفعالي للطفل الذي يُفِقْدُ الطفل الشعور بالأمان والثقة بالنفس كما أن الصرامة والشدة تجعل الطفل يخاف ويحترم المربي في وقت حدوث المشكلة فقط (خوف مؤقت) ولكنها لا تمنعه من تكرار السلوك مستقبلا .

وقد يعلل الكبار قسوتهم على أطفالهم بأنهم يحاولون دفعهم إلى المثالية في السلوك والمعاملة والدراسة .. ولكن هذه القسوة قد تأتي برد فعل عكسي فيكره الطفل الدراسة أو يمتنع عن تحمل المسؤوليات أو يصاب بنوع من البلادة، كما أنه سيمتص قسوة انفعالات عصبية الكبار فيختزنها ثم تبدأ آثارها تظهر عليه مستقبلاً من خلال أعراض (العصاب) الذي ينتج عن صراع انفعالي داخل الطفل..

وقد يؤدي هذا الصراع إلى الكبت والتصرف المخل (السيئ) والعدوانية تجاه الآخرين أو انفجارات الغضب الحادة التي قد تحدث لأسباب ظاهرها تافه.

ثانيا : الدلال الزائد والتسامح :

هذا الأسلوب في التعامل لا يقل خطورة عن القسوة والـصرامة .. فالمغـالاة في الرعايـة والـدلال سيجعل الطفل غير قادر على تكوين علاقـات اجتماعيـة ناجحـة مـع الآخريـن، أو تحمـل المـسؤولية ومواجهة الحياة ... لأنه لم يمر بتجارب كافية ليتعلم منها كيف يواجه الأحداث التي قد يتعرض لها ... ولا نقصد أن يفقد الأبوان التعاطف مـع الطفـل ورحمتـه، وهـذا لا يمكن أن يحـدث لأن قلبيهما مفطوران على محبة أولادهما، ومتأصلان بالعواطف الأبوية الفطرية لحمايته، والرحمة بـه والـشفقة عليه والاهتمام بـأمره ... ولكـن هـذه العاطفـة تـصبح أحيانـا سببا في تـدمير الأبنـاء، حيـث يتعامـل الوالدان مع الطفل بدلال زائد وتساهل بحجة رقة قلبيهما وحبهما لطفلهما مما يجعل الطفل يعتقد أن كل شيء مسموح ولا يوجد شيء ممنوع، لأن هذا ما يجده في بيئتـه الـصغيرة (البيـت) ولكـن إذا ما كبر وخرج إلى بيئته الكبيرة (المجتمع) وواجه القوانين والأنظمة التـي تمنعـه مـن ارتكـاب بعـض التصرفات، ثار في وجهها وقد يخالفها دون مبالاة ... ضاربا بالنتائج السلبية عرض الحائط .

إننا لا نطالب بأن ينزع الوالدان من قلبيهما الرحمة بل على العكس فالرحمة مطلوبـة، ولكـن بتوازن وحذر. قال صلى اللـه عليه وسلم : " ليس منا من لم يرحم صغيرنا ويعرف حـق كبيرنـا " أفـلا يكون لنا برسول اللـه صلى عليه وسلم أسوة ؟

ثالثا: عدم الثبات في المعاملة :

فالطفل يحتاج أن يعرف ما هو متوقع منـه، لـذلك عـلى الكبـار أن يضعوا الأنظمـة البـسيطة واللوائح المنطقية ويشرحوها للطفل، و عندما يقتنع فإنه سيصبح

من السهل عليه اتباعها ... ويجب مراجعة الأنظمة مع الطفل كل فترة ومناقشتها، فلا ينبغي أن نتساهل يوما في تطبيق قانون ما ونتجاهله ثم نعود في اليوم التالي للتأكيد على ضرورة تطبيق نفس القانون لأن هذا التصرف قد يسبب الإرباك للطفل ويجعله غير قادر على تحديد ما هو مقبول منه وما هو مرفوض وفي بعض الحالات تكون الأم ثابتة في جميع الأوقات بينما يكون الأب عكس ذلك، وهذا التذبذب والاختلاف بين الأبوين يجعل الطفل يقع تحت ضغط نفسي شديد يدفعه لارتكاب الخطأ .

رابعا : عدم العدل بين الإخوة :

يتعامل الكبار أحيانا مع الإخوة بدون عدل فيفضلون طفلا على طفل، لذكائه أو جماله أو حسن خلقه الفطري، أو لأنه ذكر، مما يزرع في نفس الطفل الإحساس بالغيرة تجاه إخوته، ويعبر عن هذه الغيرة بالسلوك الخاطئ والعدوانية تجاه الأخ المدلل بهدف الانتقام من الكبار، وهذا الأمر حذرنا منه الرسول صلى الله عليه وسلم حيث قال : عليه الصلاة السلام " اتقوا الله واعدلوا في أولادكم".

ترغيب أطفالنا على أداء الصلاة

منذ البداية يجب أن يكون هناك اتفاق بين الوالدين - أو مَن يقوم برعاية الطفل - على سياسة واضحة ومحددة وثابتة، حتى لا يحدث تشتت للطفل، وبالتالي ضياع كل الجهود المبذولة هباء، فلا تكافئه الأم مثلاً على صلاته فيعود الأب بهدية أكبر مما أعطته أمه، ويعطيها له دون أن يفعل شيئاً يستحق عليه المكافأة، فذلك يجعل المكافأة التي أخذها على الصلاة صغيرة في عينيه أو بلا قيمة؛ أو أن تقوم الأم بمعاقبته على تقصيره، فيأتي الأب ويسترضيه بشتى الوسائل خشية عليه.

وفي حالة مكافأته يجب أن تكون المكافأة سريعة حتى يشعر الطفل بأن هناك نتيجة لأفعاله، لأن الطفل ينسى بسرعة، فإذا أدى الصلوات الخمس مثلاً في يوم ما، تكون المكافأة بعد صلاة العشاء مباشرة.

أولاً: مرحلة الطفولة المبكرة (ما بين الثالثة و الخامسة)

إن مرحلة الثالثة من العمر هي مرحلة بداية استقلال الطفل وإحساسه بكيانه وذاتيته، ولكنها في نفس الوقت مرحلة الرغبة في التقليد ؛ فمن الخطأ أن نقول له إذا وقف بجوارنا ليقلدنا في الصلاة: " لا يا بني من حقك أن تلعب الآن حتى تبلغ السابعة، فالصلاة ليست مفروضة عليك الآن " ؛ فلندعه على الفطرة يقلد كما يشاء، ويتصرف بتلقائية ليحقق استقلاليته عنا من خلال فعل ما يختاره ويرغب فيه، وبدون تدخلنا (اللهم إلا حين يدخل في مرحلة الخطر) ... " فإذا وقف الطفل بجوار المصلي ثم لم يركع أو يسجد ثم بدأ يصفق مثلاً ويلعب، فلندعه ولا نعلق على ذلك، ولنعلم جميعاً أنهم في هذه المرحلة قد يمرون أمام المصلين، أو يجلسون أمامهم أو يعتلون ظهورهم، أو قد يبكون، وفي الحالة الأخيرة لا حرج

علينا أن نحملهم في الصلاة في حالة الخوف عليهم أو إذا لم يكن هناك بالبيت مثلاً من يهتم بهم، كما أننا لا يجب أن ننهرهم في هذه المرحلة عما يحدث منهم من أخطاء بالنسبة للمصلى ..

وفي هذه المرحلة يمكن تحفيظ الطفل سور : الفاتحة، والإخلاص، والمعوذتين .

ثانياً: مرحلة الطفولة المتوسطة (ما بين الخامسة والسابعة)

في هذه المرحلة يمكن بالكلام البسيط اللطيف الهادئ عن نعم الله تعالى وفضله وكرمه (المدعم بالعديد من الأمثلة)، وعن حب الله تعالى لعباده، ورحمته ؛ يجعل الطفل من تلقاء نفسه يشتاق إلى إرضاء الله، ففي هذه المرحلة يكون التركيز على كثرة الكلام عن الله تعالى وقدرته وأسمائه الحسنى وفضله، وفي المقابل، ضرورة طاعته وجمال الطاعة ويسرها وبساطتها وحلاوتها وأثرها على حياة الإنسان... وفي نفس الوقت لابد من أن يكون هناك قدوة صالحة يراها الصغير أمام عينيه، فمجرد رؤية الأب والأم والتزامهما بالصلاة خمس مرات يومياً، دون ضجر، أو ملل يؤثر إيجابياً في نظرة الطفل لهذه الطاعة، فيحبها لحب المحيطين به لها، ويلتزم بها كما يلتزم بأي عادة وسلوك يومي. ولكن حتى لا تتحول الصلاة إلى عادة وتبقى في إطار العبادة، لابد من أن يصاحب ذلك شيء من تدريس العقيدة، ومن المناسب هنا سرد قصة الإسراء والمعراج، وفرض الصلاة، أو سرد قصص الصحابة الكرام وتعلقهم بالصلاة ...

ومن المحاذير التي نركِّز عليها دوما الابتعاد عن أسلوب المواعظ والنقد الشديد أو أسلوب الترهيب والتهديد ؛ وغني عن القول أن الضرب في هذه السن غير مباح، فلابد من التعزيز الإيجابي، بمعنى التشجيع له حتى تصبح الصلاة جزءاً أساسياً من حياته.

ويراعى وجود الماء الدافئ في الشتاء، فقد يهرب الصغير من الصلاة لهروبه من الماء البارد، هذا بشكل عام ؛ وبالنسبة للبنات، فنحببهم بأمور قد تبدو صغيرة تافهة ولكن لها أبعد الأثر، مثل حياكـة طرحة صغيرة مزركشة ملونة تشبه طرحة الأم في بيتها، وتوفير سجادة صغيرة خاصة بالطفلة ..

ويمكن إذا لاحظنا كسل الطفل أن نتركه يصلي ركعتين مثلا حتى يشعر فيما بعد بحلاوة الصلاة ثم نعلمه عدد ركعات الظهر والعصر فيتمها من تلقاء نفسه، كما يمكن تشجيع الطفل الذي يتكاسـل عن الوضوء بعمل طابور خاص بالوضوء يبدأ به الولد الكسول ويكون هو القائد ويضم الطابور كـل الأفراد الموجودين بالمنزل في هذا الوقت .

ويلاحظ أن تنفيذ سياسة التدريب على الصلاة يكون بالتدريج، فيبـدأ الطفل بصلاة الصبح يومياً، ثم الصبح والظهر، وهكذا حتى يتعود بالتدريج إتمـام الصلوات الخمـس، وذلك في أي وقت، وعندما يتعود على ذلك يتم تدريبه عـلى صـلاتها في أول الوقت، وبعـد أن يتعـود ذلـك ندربه عـلى السنن، كلٌ حسب استطاعته وتجاوبه.

ويمكن استخدام التحفيـز لـذلك، فنكافئـه بـشتى أنـواع المكافآت، وليس بالـضرورة أن تكون المكافأة مالاً، بأن نعطيه مكافأة إذا صلى الخمس فروض ولو قضاء، ثم مكافأة على الفروض الخمـس إذا صلاها في وقتها، ثم مكافأة إذا صلى الفروض الخمس في أول الوقت.

ويجـب أن نعلمـه أن السـعي إلى الصلاة سـعي إلى الجنـة، ويمكـن استجلاب الخـير الموجـود بداخله، بأن نقول له: " أكاد أراك يا حبيبي تطير بجناحين في الجنة، أو "أنا متيقنة من أن اللـه تعالى راض عنك و يحبك كثيراً لما تبذله من جهد

لأداء الصلاة "، أو :"حلمت أنك تلعب مع الصبيان في الجنة والرسول صلى الله عليه وسلم يلعب معكم بعد أن صليتم جماعة معه"...وهكذا .

أما البنين، فتشجيعهم على مصاحبة والديهم (أو من يقوم مقامهم من الثقات) إلى المسجد، يكون سبب سعادة لهم ؛ أولاً لاصطحاب والديهم، وثانياً للخروج من المنزل كثيراً، ويراعى البعد عن الأحذية ذات الأربطة التي تحتاج إلى وقت ومجهود وصبر من الصغير لربطها أو خلعها...

ويراعى في هذه المرحلة تعليم الطفل بعض أحكام الطهارة البسيطة مثل أهمية التحرز من النجاسة كالبول وغيره، وكيفية الاستنجاء، وآداب قضاء الحاجة، وضرورة المحافظة على نظافة الجسم والملابس، مع شرح علاقة الطهارة بالصلاة .

و يجب أيضاً تعليم الطفل الوضوء، وتدريبه على ذلك عملياً، كما كان الصحابة الكرام يفعلون مع أبنائهم

ثالثاً: مرحلة الطفولة المتأخرة (ما بين السابعة والعاشرة)

في هذه المرحلة يلحظ بصورة عامة تغير سلوك الأبناء تجاه الصلاة، وعدم التزامهم بها، حتى وإن كانوا قد تعودوا عليها، فيلحظ التكاسل والتهرب وإبداء التبرم، إنها ببساطة طبيعة المرحلة الجديدة : مرحلة التمرد وصعوبة الانقياد، والانصياع وهنا لابد من التعامل بحنكة وحكمة معهم، فنبتعد عن السؤال المباشر : هل صليت العصر؟ لأنهم سوف يميلون إلى الكذب وادعاء الصلاة للهروب منها، فيكون رد الفعل إما الصياح في وجهه لكذبه، أو إغفال الأمر، بالرغم من إدراك كذبه، والأولى من هذا وذاك هو التذكير بالصلاة في صيغة تنبيه لا سؤال، مثل العصر يا شباب : مرة، مرتين ثلاثة، وإن قال مثلاً أنه صلى في حجرته، فقل لقد استأثرت حجرتك بالبركة، فتعال نصلي في حجرتي لنباركها؛

فالملائكة تهبط بالرحمة والبركة في أماكن الصلاة!! وتحسب تلك الصلاة نافلة، ولنقل ذلك بتبسم وهدوء حتى لا يكذب مرة أخرى .

إن لم يصلِّ الطفل يقف الأب أو الأم بجواره – للإحراج – ويقول: " أنا في الانتظار لشيء ضروري لابد أن يحدث قبل فوات الأوان " (بطريقة حازمة ولكن غير قاسية بعيدة عن التهديد)

كما يجب تشجيعهم، ويكفي للبنات أن نقول :"هيا سوف أصلي تعالى معي"، فالبنات يملن إلى صلاة الجماعة، لأنها أيسر مجهوداً وفيها تشجيع، أما الذكور فيمكن تشجيعهم على الصلاة بالمسجد و هي بالنسبة للطفل فرصة للترويح بعد طول المذاكرة، ولضمان نزوله يمكن ربط النزول بمهمة ثانية، مثل شراء الخبز، أو السؤال عن الجار ...إلخ.

وفي كلا الحالتين: الطفل أو الطفلة، يجب أن لا ننسى التشجيع والتعزيز والإشارة إلى أن التزامه بالصلاة من أفضل ما يعجبنا في شخصياتهم، وأنها ميزة تطغى على باقي المشكلات والعيوب، وفي هذه السن يمكن أن يتعلم الطفل أحكام الطهارة، وصفة النبي صلى الله عليه وسلم، وبعض الأدعية الخاصة بالصلاة، ويمكن اعتبار يوم بلوغ الطفل السابعة حدث مهم في حياة الطفل، بل وإقامة احتفال خاص بهذه المناسبة، يدعى إليه المقربون ويزين المنزل بزينة خاصة، إنها مرحلة بدء المواظبة على الصلاة!!

ولاشك أن هذا يؤثر في نفس الطفل بالإيجاب، بل يمكن أيضاً إعلان عن هذه المناسبة داخل البيت قبلها بفترة كشهرين مثلا، أو شهر حتى يظل الطفل مترقباً لمجيء هذا الحدث الأكبر!!

وفي هـذه المرحلـة نبـدأ بتعويـده أداء الخمـس صـلوات كـل يـوم، وإن فاتتـه إحـداهن يقـوم بقضائها، وحين يلتزم بتأديتهن جميعا عـلى ميقاتهـا، نبـدأ بتعليمـه الـصلاة فـور سـماع الأذان وعـدم تأخيرها ؛ وحين يتعود أداءها بعد الأذان مباشرة، يجب تعليمه سنن الـصلاة ونـذكر لـه فـضلها، وأنـه مخيَّر بين أن يصليها الآن، أو حين يكبر.

وفيما يلي بعض الأسباب المعينة للطفل في هذه المرحلة على الالتزام بالصلاة :

١- يرى الابن دائماً في الأب والأم يقظة الحس نحو الصلاة، فمثلا إذا أراد الابن أن يستأذن للنوم قبل العشاء، فليسمع من الوالد، وبدون تفكير أو تردد: "لم يبق على صلاة العشاء إلا قليلاً نصلي معا ثم تنام بإذن اللـه ؛ وإذا طلب الأولاد الخروج للنادي مثلاً، أو زيارة أحد الأقارب، وقد اقترب وقت المغرب، فليسمعوا من الوالدين :"نصلي المغرب أولاً ثم نخرج" ؛ ومن وسائل إيقاظ الحس بالصلاة لدى الأولاد أن يسمعوا ارتباط المواعيد بالصلاة، فمثلاً : "سنقابل فلاناً في صلاة العصر"، و "سيحضر فلان لزيارتنا بعد صلاة المغرب".

٢- إن الإسلام يحث على الرياضة التي تحمي البدن وتقويه، فالمؤمن القوي خير وأحب إلى اللـه تعالى من المؤمن الضعيف، ولكن يجب ألا يأتي حب أو ممارسة الرياضة على حساب تأدية الصلاة في وقتها، فهذا أمر مرفوض.

٣- إذا حدث ومرض الصغير، فيجب أن نعوِّده على أداء الصلاة قدر استطاعته، حتى ينشأ ويعلم ويتعود أنه لا عذر له في ترك الصلاة، حتى لو كان مريضاً، وإذا كنت في سفر فيجب تعليمه رخصة القصر والجمع، ولفت نظره إلى نعمة اللـه تعالى في الرخصة، وأن الإسلام تشريع مملوء بالرحمة.

٤- اغرس في طفلك الشجاعة في دعوة زملائه للصلاة، وعدم الشعور بالحرج من إنهاء مكالمة تليفونية أو حديث مع شخص، أو غير ذلك من أجل أن يلحق بالصلاة جماعة بالمسجد، وأيضاً اغرس فيه ألا يسخر من زملائه الذين يهملون أداء الصلاة، بل يدعوهم إلى هذا الخير، ويحمد الـلـه الذي هداه لهذا.

٥- يجب أن نتدرج في تعليم الأولاد النوافل بعد ثباته على الفروض.

و لنستخدم كل الوسائل المباحة شرعاً لنغرس الصلاة في نفوسهم، ومن ذلك:

- مسطرة المرسوم عليها كيفية الوضوء والصلاة .
- تعليمهم الحساب وجدول الضرب بربطهما بالصلاة، مثل: رجل صلى ركعتين، ثم صلى الظهر أربع ركعات، فكم ركعة صلاها؟...وهكذا، وإذا كان كبيراً، فمن الأمثلة:" رجل بين بيته والمسجد ٥٠٠ متر وهو يقطع في الخطوة الواحدة ٤٠ سنتيمتر، فكم خطوة يخطوها حتى يصل إلى المسجد في الذهاب والعودة ؟ وإذا علمت أن الـلـه تعالى يعطي عشر حسنات على كل خطوة، فكم حسنة يحصل عليها؟
- أشرطة الفيديو والكاسيت التي تعلّم الوضوء والصلاة، وغير ذلك مما أباحه الـلـه سبحانه .

أما مسألة الضرب عند بلوغه العاشرة وهو لا يصلي، ففي رأينا أننا إذا قمنا بأداء دورنا كما ينبغي منذ مرحلة الطفولة المبكرة وبتعاون متكامل بين الوالدين، أو القائمين برعاية الطفل، فإنهم لن يحتاجوا إلى ضربه في العاشرة، وإذ اضطروا إلى ذلك، فليكن ضرباً غير مبرِّح، وألا يكون في الأماكن غير المباحة كالوجه ؛ وألا نضربه أمام أحد، وألا نضربه وقت الغضب...وبشكل عام، فإن الضرب(كما أمر به الرسول الكريم في هذه المرحلة) غرضه الإصلاح والعلاج؛

وليس العقاب والإهانة وخلق المشكلات؛ وإذا رأى المربِّي أن الضرب سوف يخلق مشكلة، أو سوف يؤدي إلى كره الصغير للصلاة، فليتوقف عنه تماماً، وليحاول معه بالبرنامج المتدرج الذي سيلي ذكره...

ولنتذكر أن المواظبة على الصلاة - مثل أي سلوك نود أن نكسبه لأطفالنا - ولكننا نتعامل مع الصلاة بحساسية نتيجة لبعدها الديني، مع أن الرسول صلى الله تعالى عليه وسلم حين وجهنا لتعليم أولادنا الصلاة قال "علموا أولادكم الصلاة لسبع، واضربوهم عليها لعشر"، فكلمة علموهم تتحدث عن خطوات مخططة لفترة زمنية قدرها ثلاث سنوات، حتى يكتسب الطفل هذه العادة، ثم يبدأ الحساب عليها ويدخل العقاب كوسيلة من وسائل التربية في نظام اكتساب السلوك، فعامل الوقت مهم في اكتساب السلوك، ولا يجب أن نغفله حين نحاول أن نكسبهم أي سلوك، فمجرد التوجيه لا يكفي، والأمر يحتاج إلى تخطيط وخطوات وزمن كاف للوصول إلى الهدف، كما أن الدافع إلى إكساب السلوك من الأمور الهامة، وحتى يتكون، فإنه يحتاج إلى بداية مبكرة وإلى تراكم القيم والمعاني التي تصل إلى الطفل حتى يكون لديه الدافع النابع من داخله، نحو اكتساب السلوك الذي نود أن نكسبه إياه، أما إذا تأخّر الوالدان في تعويده الصلاة إلى سن العاشرة، فإنهما يحتاجان إلى وقت أطول مما لو بدءا مبكرين، حيث أن طبيعة التكوين النفسي والعقلي لطفل العاشرة يحتاج إلى مجهود أكبر مما يحتاجه طفل السابعة، من أجل اكتساب السلوك نفسه، فالأمر في هذه الحالة يحتاج إلى صبر وهدوء وحكمة وليس عصبية وتوتر ..

ففي هذه المرحلة يحتاج الطفل منا أن نتفهم مشاعره ونشعر بمشاكله وهمومه، ونعينه على حلها، فلا يرى منا أن كل اهتمامنا هو صلاته وليس الطفل نفسه، فهو يفكر كثيرا بالعالم حوله، وبالتغيرات التي بدأ يسمع أنها ستحدث له بعد عام أو عامين، ويكون للعب أهميته الكبيرة لديه، لذلك فهو يسهو ع

الصلاة ويعاند لأنها أمر مفروض عليه و يسبب له ضغطاً نفسياً...فلا يجب أن نصل بإلحاحنا عليه إلى أن يتوقع منا أن نسأله عن الصلاة كلما وقعت عليه أعيننا !!

ولنتذكر أنه لا يزال تحت سن التكليف، وأن الأمر بالصلاة في هذه السن للتدريب فقط، وللاعتياد لا غير!! لذلك فإن سؤالنا عن مشكلة حزنه، أو همه، أو خوف يصيبه سوف يقربنا إليه ويوثّق علاقتنا به، فتزداد ثقته في أننا سنده الأمين، وصدره الواسع الدافئ ...فإذا ما ركن إلينا ضمناً فيما بعد استجابته التدريجية للصلاة، والعبادات الأخرى، والحجاب.

رابعا: مرحلة المراهقة :

يتسم الأطفال في هذه المرحلة بالعند والرفض، وصعوبة الانقياد، والرغبة في إثبات الذات - حتى لو كان ذلك بالمخالفة لمجرد المخالفة - وتضخم الكرامة العمياء، التي قد تدفع المراهق رغم إيمانه بفداحة ما يصنعه إلى الاستمرار فيه، إذا حدث أن توقُّفه عن فعله سيشوبه شائبة، أو شبهة من أن يشار إلى أن قراره بالتوقف عن الخطأ ليس نابعاً من ذاته، وإنما بتأثير أحد من قريب أو بعيد . ولنعلم أن أسلوب الدفع والضغط لن يجدي، بل سيؤدي للرفض والبعد، وكما يقولون "لكل فعل رد فعل مساوٍ له في القوة ومضاد له في الاتجاه" لذا يجب أن نتفهم الابن ونستمع إليه إلى أن يتم حديثه ونعامله برفق قدر الإمكان.

كيفية مساعدة الطفل على صوم رمضان

ماذا تفعل الأم عندما تفاجأ بأن أحد أطفالها لا يصوم رمضان ويخبرها بأنه صائم؟!

إن صيام الطفل مسئولية ملقاة على عاتق الأم, وهي مهمة صعبة لانه لايدرك أهميـة الـصيام في هذه المرحلة, وحين تفاجأ الأم بأن طفلها يدعي انه صائم بينما يتناول الطعام دون علمهـا فعليهـا إتباع التالي:

١- تحفيز طفلها على الصيام بطريقة عملية بإعطائه مكافأة عن كل يوم يصومه.

٢- عدم مواجهته بخطئه وبأنه فاطر ويكذب عليها ولكن عليها ان توضح له بشكل غير مباشر عواقب هذه السلوكيات الخاطئة مثل الكذب وعدم الصيام من خلال حكايات تحمل هذا المعني.

٣- فرض الصيام على طفلها بشكل تدريجي يتناسب مع سنه.

٤- الإكثار من الثناء عليه حين يصوم أمام الأسرة.

٥- تشجيعه على الصيام بالسماح للصائمين فقط من الأسرة بالجلوس على مائدة الإفطار حتى يعي أن الشخص الفاطر يرتكب خطأ كبيرا.

٦- عدم وضع الحلويات والطعام المفضل للطفل أمامه قبل الإفطار حتى لا تضعف عزيمته.

٧- إشاعة جو ديني وبهجة في المنزل حتى يشعر طفلك بأهمية هذا الشهر واختلافه عن باقي الأشهر.

نم هنياً

أتذكر يا بُنيّ ليلةَ وضعتُك في السرير, أنظر إلى وجهك البريء ؟
ثم وسَّدتُكُ يُمناي على أتلقّى بيميني هذه كتاباً, يُشبه نقاء وجهك المنير؟!.
سلامُ الـلـه على وجهك المنير....

يا صغيري نم هنيّا
ساعةً بين يدياً يَديّـا
فلقْد أمضيتَ يوماً
صاخِباً لم تُبقِ شيّا
هذه الألعابُ تشكو
وأنا أشكو الدّويّا !
نم على صدري برفقٍ
نمْ هنيئاً يا بُنيّا
كم ملاكٍ يا صغيري
قد دَنا يَحمي المحيّا
ساكنٌ أنتَ بقلبي
أم دمي, أم مُقلتياً ؟!
عندما تكبُرُ يا بْني
نعبـدُ الـلـهَ سـويّا
ونُصلّي .. ونُزكّي
كي يظلَّ القلبُ حيّا

خالقَ الأطفالِ: فاجعلْ
كلّ طفلٍ أحمديّا
أُمّةُ الإسلامِ أضحتْ
كلها تهوى النبيّا
إنّهم - ربي - عبادُكْ
ضعفُهمْ بـادٍ جليّا
ربّنا سدّد خُطاهمْ
لا تَذرْ فيهم شقيّا
ربّنا واقبلْ دُعاهمْ
واجعلِ العاصي وليّا
أُمّةَ الإسـلامِ ! هيّا
فلْنعُدْ للدّيـن, هيّا

—

شخصيــــة الطفـــل

أطفالنا هم أمل و مستقبل الأمة وبقدر ما كان نموهم وترعرعهم وتربيتهم سـليمة بقـدر مـا كان مستقبل الأمة مشرقا ومشرفا .

فسلوكنا مع أطفالنا وطريقة معاملتهم هما اللذان يحدان مستقبلهم، فكلـما كـان سـلوكنا مـع الطفل صحيحا نشأ الطفل سليما من غير عقد نفسية، يثق في نفسه وفي قدراتـه ويثق فيمن حولـه وكان إيجابيا في تعامله مع مجتمعه .

هناك أسس يجب على الوالدين التقيد بها لتساعد الطفل على تكـوين تلـك الـصورة الإيجابيـة عن نفسه :

١- الرعاية والاهتمام من الوالدين الغير مبالغ فيهما والشعور بالمسؤولية وتلبية حاجات الطفل الأساسية كالغذاء السليم، الملبس النظيف، التعليم الجيد والرعاية الصحية الصحية ومتابعته .

٢- إعطاء الطفل الفرصة للقيام بالأعمال الناجحة والتشجيع المسـتمر وإشعاره بسعادتنا لنجاحه بالقيام بها ولنحذر من تكليفه بمهام صعبة تفوق عمره العقلي والزمني و إلا شعر بالعجز وفقد الثقة في نفسه .

٣- مراعاة حالة الطفل النفسية وشعوره والتغيرات التي تفرزها مثل القلق، عدم التكيف، والشعور بالعجز ومحاولة علاج ذلك بالتهدئة وزرع الثقة في نفوسهم وإشعارهم بالحب والحنان والرعاية و إلا سوف تتحول إلى مشكلات نفسية تؤثر على سلوك الطفل كأن يصبح عدوانيا أو منطويا.

٤- البحث عن نقاط القوة في الطفل وتعزيزها وتشجيعها وتنميتها وإرشاده إلى نقاط الضعف وكيفية التغلب عليها كالغضب السريع والخجل .

٥- الاهتمام بهوايات الطفل وأنشطته وميوله وتوجيهها وتشجيعها كالقراءة والكتابة وجمع الطوابع، ممارسة الرياضة بأنواعها .

مشكلة نوم الطفل في الصف

النوم حاجة أساسية للطفل هي للإنسان بشكل عام وللكائنات الحيـة بـشكل أعـم لكن متـى وأين وكيف ينام الإنسان (وخاصة الأطفال) أسئلة يعرف النـاس الإجابة عنهـا لكنهـا إجابـات ليست موحدة بل قد تصل أحياناً إلى حد التغاير وبما أننا نتحدث عن الطفل في مرحلة الروضة نقول:

متى ينام الطفل؟ ينام الطفل بداية الليل ويستيقظ بعد طلوع الشمس ولا بد من أخذ كفايـة جسم الطفل من النوم لأنه بحاجة تزيد عن حاجة الكبار بعد ساعات، فالطفل الوليد يكون بحاجـة إلى ساعات تزيد عن العشرين ساعة يومياً، بينما تتناقص هذه الحاجة يومـاً بعد يوم وشهراً بعد شهر لتصبح عشر ساعات من النوم لطفل من سن الروضة.

هذه الساعات يجب أن تنظم فبدلاً من أن ينام الطفل الساعة ١٢ ليلاً عندهـا لـن يـستطيع أن يستيقظ الساعة السابعة صباحاً لأنه يكون حينها بحاجة لمزيد من النوم.

وعندما تكون هناك فترتان للنوم واحدة قصيرة للقيلولة ظهراً وأخرى طويلـة ليـلاً لا بـد أن تكون ساعات القيلولة ليست متأخرة فالطفل الذي نام للقيلولة الـساعة الخامسة عـصراً واستيقظ الساعة السابعة أو الثامنة، لن يـستطيع حـتماً النـوم ثانيـة قبـل الثانيـة عـشر ليـلاً أو بعـدها بعـض الأحيان.

وهكذا وعند بعض الأسر التي تعودت أخذ القيلولة ظهراً لا بـد ومـن أجـل أطفالهـا أن تكـون القيلولة مبكرة عندها وان لا تطول ساعات نومها، فمثلاً النوم الـساعة الثالثـة حتـى الرابعـة أو بعـد هذا الوقت بقليل يجعل الطفل الذي استيقظ من قيلولته كأبعد حد للمساء.

كما يفضل عند الأطفال الذين يرفضون النوم مبكرين أن لا يعّودا على نوم القيلولة حتى يكون سهلاً عليهم النوم مبكرين.

وتلعب الفروق الفردية دوراً كبيراً في هذا الموضوع فكم من طفل ينام كلما طلب إليه ذلك، أو كلما وجد جواً مناسباً للنوم.

وهنا لا بد للأهل من الضغط على عادات أطفالهم في النـوم أو الـسهر يفرضـوا علـيهم عـادات صحية وطبيعية في النوم.

بالنسبة للأولاد الذين لديهم مشكلة في عدم النوم لا بد من مراقبة طعامهم وشرابهـم وخاصـة قبيل المساء حيث لا بد من إبعادهم عن المنبهات وخاصـة الـشاي بالنـسبة للطفـل وكـذلك الفواكـه الغنية بالفيتامين (ث) بل إعطاؤهم أطعمة مهدئة كاللبن والحليب والتمر.

كما أن استشارة الطبيب في الحالات المستعصية أمر مفيد للغاية، إن سهر الطفل يحمل أضراراً كثيرة بالنسبة للطفل صحية منها أو أخلاقية، فالفيديو أو التلفزيـون أو الـستالايت (الـدش) أو حتـى الحديث الذي يدور بين الكبار، كثير منه يجب أن يكون بعيداً عن مسمع الأطفال حفاظاً عـلى بـراءة تفكير الطفل وأخلاقه.

أما من الناحية الصحية فإن عدم أخذ الطفل القسط الكافي مـن النـوم والراحـة يـنعكس سـلباً على سلامة تكوينه الجسدي كما أنه يضطره إلى النوم أينما وجد في غرفة الصف أو السيارة... ذلك أن جسمه ما زال يتطلب مزيداً من النوم.

وهكذا تفاجأ المربية بطفل ينام داخل الصف منذ الصباح الباكر، وعندما تكون المربية أو إدارة الروضة غير آبهة بالموضوع حيث تسمح للأطفال بالنوم بل تطلب إليهم قائلـة ضعوا رؤوسـكم عـلى الطاولات (طالبة منهم محاولة النوم).

أي نوم هذا الذي فوق المقعد الخشبي ودون غطاء وبلباس هو الصدارة (هل وجدت الروضة للنوم أصلاً) أم للتربية المتعددة الجوانب حيث يتم بناء شخصية متكاملة للطفل بدءاً من الجسد وانتهاءً بالأخلاق ومروراً باللغة السليمة والعقل السليم والتكوين الاجتماعي الصحيح والعادات الصحية السليمة والتكوين الانفعالي الطبيعيين.

لماذا لا ينال الطفل القسط الكافي من النوم في بيته وفي ظروف صحية من فراش وثير وتهوية وتدفئة مناسبتين ولباس خاص بالنوم؟

إن العلة تكمن في عدم تنظيم وقت نوم الطفل، وإن الأطفال الذين أخذوا القسط الكافي من النوم في البيت يكونون جاهزين للتلقي والتقبل لكل ما يعطى إليهم من خبرات ومعلومات وتوجيهات وأنشطة متنوعة.

هذا بالنسبة للأطفال العادين مع مربيات عاديات إلا أنه يمكن أن نجد طفلاً ينام في البيت عشر ساعات ثم يأتي ليعاد النوم في الصف ثانية، وهؤلاء قلائل لا يزيد عددهم عن ٣ - ٥ % وأولئك يجب أن يعرضوا على الطبيب ليحدد سبب ذلك، أو أن يكون هذا أمر وراثي في أسرتهم (كثر النوم أو الخمول)

أما دور المربية في جعل الأطفال يشعرون بالملل والسأم ثم النعاس فيجب أن لا يغيب عن بال الإدارة، فالمربية التي لم تجد هي ذاتها كفايتها من النوم في يوم ما أو فترات معينة سيكون هذا أثره جلياً على شكلها أو تصرفاتها من تثاؤب وملل ونعاس مما يصيب بالعدوى أطفال صفها الواحد تلو الآخر.

كما أن أسلوب المربية في الحديث عندما يكون رتيباً غير متميز بنبرات معبرة، متغيرة، يجعل سامعه يستسلم للنوم دون أن يدري.

كما أن للإضاءة السيئة أو التهوية السيئة دوراً كبيراً في شد الطفل للنوم، وأخيراً فإن عدم إشراك الطفل بأنشطة الصف وإهماله وعدم الانتباه إليه وشعوره

أن المربية في واد وهو في واد آخر يجعله وخاصة إذا كانت بعض الأسباب التـي أوردنـا ذكرهـا قبل قليل متوفرة أيضاً سيجعله كل ذلك يغط في سبات عميق.

(طبعاً لا بد من استثناء حالات يكون فيها الطفل مريـضاً أو مـصاباً بـالحمى وارتفـاع الحـرارة، عندها يكون ذلك النوم مرضياً ولا يدخل ضمن ما قصدنا إليه في كلامنا آنفاً).

كيفية التعامل مع الطفل الشقي

ذكرت دراسة علمية جديدة أن الأطفال الـذين يولـدون صـغارا في الحجـم حتـى بعـد اكـتمال نموهم في نهاية مدة الحمل, قد يظهرون صفات مختلفة من الانفعال وحدة الطباع أكثر من الأطفـال ذوي الأوزان الطبيعية.

وأظهرت الدراسة أيضا أن الطريقة التي تستجيب فيها الأم لسلوك طفلها, الذي يكـون مزعجـا في بعض الأحيان. قد تؤثر على نمو الطفل, مشيرة إلى أن طريقة تفاعل الوالدين مـع الطبـع الحـاد أو انفعال الطفل قد تسهم في تطوره على المدى الطويل.

واكتشف الباحثون في جامعة رودي آيلاند, أن التجارب المبكرة لـبعض الأطفـال صـغار الحجـم عند الولادة , وبيئة المنزل, وطريقة تفاعل الأمهات وإدراكهن لكيفية التعامل مع أطفالهن, تؤثر عـلى أداء الأطفال في المقاييس التنموية المتعددة.

وقام الباحثون في الدراسة التي نشرتها مجلة (طب الأطفال التطوري والسلوكي), بمقارنة التطور السلوكي لـ ٣٩ طفلا ولدوا بوزن طبيعي و٤٤ آخرين ناضجين ولكنهم صغار الحجم خلال الأشهر الستة الأولى من الحياة, وقياس انفعالات الطفل اعتمادا على مستوى نشاطه وابتساماته وضـحكاته وخوفـه من كل شيء جديد, والنعومة والتوجه نحو جسم أو شيء معين, ومن ثم قياس درجات

النمو والتطور من خلال اختبارات المهارات الحركية والإدراكية, ومراقبة درجـة تفاعـل الأم مـع طفلها, ومستويات التوتر ونوعية التنشيط الدماغي للطفل في المنزل.

وقال الباحثون إن الطفل الذي يولد بعد حمل دام ٣٧ – ٤٢ أسبوعا, وكان وزنه أقل من الـوزن الطبيعي بنحو ١٠%, يعتبر صغير الحجم بالنسبة للعمر الحملي, كما لوحظ أن الأمهات اللاتي يصعب عليهن فهم أطفالهن يكن أقل استجابة لهم, وقد سجل هؤلاء الرضع درجات أقل في اختبارات التطور مقارنة مع الأمهات اللاتي يتفهمن حساسية أطفالهن.

معالجة الألفاظ البذيئة التي يتلفظ بها الطفل

ما أكثر ما يعانيه الآباء والأمهات من تلفظ أبناءهم بألفـاظ بذيئـة وكلـمات بذيئـة، ويحاولون علاجها بشتى الطرق كما أن "لكـل داء دواء" فـإن معرفة الأسـباب الكامنـة وراء الـداء تمثل نصف الدواء.

فالغضب والشحنة الداخلية الناتجة عنه كما يقولون "ريح تطفئ سراج العقل". ورحـم اللـه الإمام الغزالي حينما دلنا على عدم قـدرة البـشر لقمـع وقهر الغضب بالكليـة ولكـن يمكـن توجيهـه بالتعود والتمرين. فالله تعالى قال: "والكاظمين الغيظ" ولم يقل "الفاقدين الغيظ".

وبالتالي فإن المطلوب هو توجيه شحنات الغضب لدى الأطفال حتى يصدر عنهـا ردود فعـل صحيحة، ويعتاد ويتدرب الطفل عـلى توجيـه سـلوكه بـصورة سـليمة، ويتخلص مـن ذلـك الـسلوك المرفوض وللوصول إلى هذا لا بد من اتباع الآتي:

أولاً: التغلب على أسباب الغضب:

فالطفل يغضب وينفعل لأسباب قد نراها تافهة كفقـدان اللعبـة أو الرغبـة في اللعـب الآن أو عدم النوم... الخ. وعلينا نحن الكبار عدم التهوين من شأن أسباب انفعاله هذه. فاللعبة بالنسبة لـه هي مصدر المتعة ولا يعرف متعة غيرها (فمثلا: يريد اللعب الآن لأن الطفل يعيش "لحظته" وليس مثلنا يدرك المستقبل ومتطلباته أو الماضي وذكرياته).

على الأب أو الأم أن يسمع بعقل القاضي وروح الأب لأسباب انفعال الطفل بعد أن يهـدئ مـن روعه ويذكر له أنه على استعداد لسماعه وحل مشكلته وإزالة أسباب انفعاله وهذا ممكن إذا تحلـى بالهدوء والذوق في التعبير من مسببات غضبه.

ثانيًا: إحلال السلوك القويم محل السلوك المرفوض:

١- البحث عن مصدر تواجد الألفاظ البذيئة في قاموس الطفل فالطفل جهاز محاكاة للبيئة المحيطة فهذه الألفاظ هي محاكاة لما قد سمعه من بيئته المحيطة: (الأسرة - الجيران - الأقران - الحضانة)....

٢- يعزل الطفل عن مصدر الألفاظ البذيئة كأن تغير الحضانة مثلاً إذا كانت هي المصدر..أو يبعد عن قرناء السوء إن كانوا هم المصدر فالأصل - كما قيل - في "تأديب الصبيان الحفظ من قرناء السوء".

٣- إظهار الرفض لهذا السلوك وذمه علنًا.

٤- الإدراك أن طبيعة تغيير أي سلوك هي طبيعة تدريجية وبالتالي التحلي بالصبر والهدوء في علاج الأمر أمر لا مفر منه.

"واستعينوا بالصبر والصلاة وإنها لكبيرة إلا على الخاشعين".

٥- مكافئة الطفل بالمدح والتشجيع عند تعبيره عن غضبه بالطريقة السوية.

٦- فإن لم يستجب بعد ٤ – ٥ مرات من التنبيه يعاقب بالحرمان من شيء يحبه كالنزهة مثلاً.

٧- يعود سلوك "الأسف" كلما تلفظ بكلمة بذيئة ولا بد من توقع أن سلوك الأسف سيكون صعبًا في بادئ الأمر على الصغير، فتتم مقاطعته حتى يعتذر، ويناول هذا الأمر بنوع من الحزم والثبات والاستمرارية.

الفصل الثاني

ثقافـــــــــة

- ذكاء الطفل يعتمد على وزنه عند الولادة.
- كيفية نماء ذكاء الطفل.
- كيفية مساعدة الطفل على النطق.
- خطوات تجعل الطفل يتكلم بسرعة.
- كيفية مساعدة الطفل على القراءة.
- أساليب لتنمية مهارات القراءة.
- مساعدة أطفالنا على تقوية الذاكرة والتذكر.
- كيفية ترسيخ المعلومات عند أطفالنا

ذكاء الطفل يعتمد على وزنه عند الولادة

التغذية أثناء فترة الحمل تؤثر على درجة الذكاء عند الطفل لاحقا

كشفت دراسة حديثة أن الأطفال الذين يولدون بوزن أكبر يتمتعون بقدر أكبر مـن الـذكاء في المراحل اللاحقة من طفولتهم مقارنة مع أولئك الذين يولدون بوزن أقل وقد يكون سبب ذلك هو أن الأطفال الأثقل وزنا قد حصلوا على غذاء أفضل في رحم الأم أثناء المراحل المهمة لنمو الدماغ وقـد برهنت دراسات أخرى على أن نقص وزن الطفل عند الولادة يؤثر سلبا على نموه العقلي اللاحق ومن المعروف أن الأطفال الخدج، الـذين يولدون مبكرا، يقل وزنهـم عـادة عـن الـوزن الطبيعـي لبـاقي الأطفال، غير أن الدراسة الأخيرة تشير إلى أن علاقة الذكاء بالوزن عند الولادة تمتد حتى إلى الأطفال الذين يولدون بوزن وحجم طبيعيين وكان فريق من الباحثين مـن المركـز المـدني لدراسـات الأوبئـة في نيويورك قد درس ثلاثة آلاف وأربعمئة وأربعة وثمانين طفلا ولدوا في الفترة بين عـام تسعة وخمـسين وستة وستين وقد أخضع بعض الأخوة والأخوات للاختبار أيضا للتأكد مـن التـأثيرات التـي يتركهـا وزن الطفل على ذكائه وفصلها عن التأثيرات الناتجة عن التغذية أو العوامل الأخرى .

وقد اختلفت أوزان الأطفال الذين تناولتهم الدراسـة مـن كيلـو غـرام ونصف إلى أربعـة كيلـو غرامات تقريبا، ثم اختبرت نسبة الذكاء بعد سبع سنوات

وبشكل عام، فقد وجدت الدراسة أنه كلما ارتفع وزن الطفل عند الولادة ازدادت نسبة الـذكاء قليلا، وكان الفرق في الذكاء بين الأطفال من وزن ٢.٥ كيلو غرام وأربعة كيلو غرامات هو عشرة نقاط

ويقول الباحثون إنه على الرغم من أن الفرق في الذكاء بـين الأطفـال المولـودين بـوزن طبيعـي يبدو معتدلا قليلا وليس له أهميـة علميـة بالنسبة للأطفـال المعنيـين، فإن الفرق قـد يكون مهـما بالنسبة للمجتمع ككل بالإضافة إلى ذلك فإن هذه التأثيرات يمكن أن تلقي بعض الضوء على العلاقـة بين نمو الجنين ونمو الدماغ .

وقد كشفت دراسات أخرى عن نتائج مماثلة، بل إن دراسة أجريت في الـدانمارك برهنـت عـلى أن زيادة وزن الطفل تنعكس إيجابيا عـلى ذكائـه حتى يـصل وزن الطفـل إلى أربعـة كيلـو غرامـات ومئتي غرام

ويعتقد أن السبب في هذا التناسب الطردي بين وزن الطفل ونسبة الذكاء إنما يعود إلى الغـذاء المتوفر للجنين أثناء فترة الحمل، وهي فترة مهمة جدا لتطور العقل

كيفية نماء ذكاء الطفل

إذا أردت لطفلك نمواً في قدراته وذكائـه فهنـاك أنـشطة تـؤدي بـشكل رئيـسي إلى تنميـة ذكـاء الطفل وتساعده على التفكير العلمي المنظم وسرعة الفطنة والقدرة على الابتكار،

ومن أبرز هذه الأنشطة ما يلي :

أ) اللعب :

الألعـاب تنمـي القـدرات الإبداعيـة لأطفالنـا .. فمـثلاً ألعـاب تنميـة الخيـال، وتركيـز الانتبـاه والاستنباط والاستدلال والحذر والمباغتة وإيجاد البدائل لحالات افتراضية متعددة مما يساعدهم على تنمية ذكائهم .

يعتبر اللعب التخيلي من الوسائل المنشطة لـذكاء الطفـل وتوافقـه فالأطفـال الـذين يعـشقون اللعب التخيلي يتمتعون بقدر كبير مـن التفـوق، كـما يتمتعـون بدرجـة عاليـة مـن الـذكاء والقـدرة اللغوية وحسن التوافق الاجتماعي، كـما أن لـديهم قـدرات إبداعيـة متفوقـة، ولهـذا يجـب تـشجيع الطفل على مثل هذا النوع من اللعب كما أن للألعـاب الـشعبية كـذلك أهميتهـا في تنميـة وتنـشيط ذكاء الطفل، لما تحدثه من إشباع الرغبات النفسية والاجتماعية لدى الطفل، ولما تعوده على التعـاون والعمل الجماعي ولكونها تنشط قدراته العقلية بالاحتراس والتنبيه والتفكير الذي تتطلبه مثـل هـذه الألعاب ..ولذا يجب تشجيعه على مثل هذا .

ب) القصص وكتب الخيال العلمي:

تنمية التفكير العلمي لدى الطفل يعد مؤشراً هاماً للذكاء وتنميتـه، والكتـاب العلمـي يـساعد على تنمية هذا الذكاء، فهو يؤدي إلى تقديم التفكير العلمي المنظم في عقل الطفل، وبالتـالي يـساعده على تنمية الذكاء والابتكار، ويؤدي إلى تطوير القدرة العقلية للطفل .

الكتاب العلمي لطفل المدرسة يمكن أن يعالج مفاهيم علمية عديدة تتطلبها مرحلة الطفولـة، ويمكنه أن يحفز الطفل على التفكير العلمي وأن يجري بنفـسه التجـارب العلميـة البـسيطة، كـما أن الكتاب العلمي هو وسيلة لأن يتذوق الطفـل بعـض المفـاهيم العلميـة وأسـاليب التفكـير الـصحيحة والسليمة، وكذلك يؤكد الكتاب العلمي لطفل هذه المرحلة تنمية الاتجاهات الإيجابيـة للطفـل نحـو العلم والعلماء كما أنه يقوم بدور هام في تنمية ذكاء الطفل، إذا قدم بشكل جيد، بحيث يكون جيـد الإخراج مع ذوق أدبي ورسم وإخراج جميل، وهذا يضيف نوعاً من الحساسية لدى الطفـل في تـذوق الجمل للأشياء، فهو ينمي الذاكرة، وهي قدرة من القدرات العقلية .

الخيال

هام جداً للطفل وهو خيال لازم له، ومن خصائص الطفولة التخيل والخيال الجامح، ولتربية الخيال عند الطفل أهمية تربوية بالغة ويتم من خلال سرد القصص الخرافية المنطوية على مضامين أخلاقية إيجابية بشرط أن تكون سهلة المعنى وأن تثير اهتمامات الطفل، وتداعب مشاعره المرهفة الرقيقة، ويتم تنمية الخيال كذلك من خلال سرد القصص العلمية الخيالية للاختراعات والمستقبل، فهي تعتبر مجرد بذرة لتجهيز عقل الطفل وذكائه للاختراع والابتكار، ولكن يجب العمل على قراءة هذه القصص من قبل الوالدين أولاً للنظر في صلاحيتها لطفلهما حتى لا تنعكس على ذكائه كما أن هناك أيضا قصص أخرى تسهم في نمو ذكاء الطفل كالقصص الدينية وقصص الألغاز والمغامرات التي لا تتعارض مع القيم والعادات والتقاليد ولا تتحدث عن القيم الخارقة للطبيعة فهي تثير شغف الأطفال، وتجذبهم تجعل عقولهم تعمل وتفكر وتعلمهم الأخلاقيات والقيم ولذلك فيجب علينا اختيار القصص التي تنمي القدرات العقلية لأطفالنا والتي تملأهم بالحب والخيال والجمال والقيم الإنسانية لديهم ويجب اختيار الكتب الدينية ولِمَ لا ؟ فإن الإسلام يدعونا إلى التفكير والمنطق، وبالتالي تسهم في تنمية الذكاء لدى أطفالنا .

ج) الرسم والزخرفة :

الرسم والزخرفة تساعد على تنمية ذكاء الطفل وذلك عن طريق تنمية هواياته في هذا المجال، وتقصي أدق التفاصيل المطلوبة في الرسم، بالإضافة إلى تنمية العوامل الابتكارية لديه عن طريق اكتشاف العلاقات وإدخال التعديلات حتى تزيد من جمال الرسم والزخرفة.

ورسوم الأطفال تدل على خصائص مرحلة النمو العقلي، ولا سيما في الخيال عند الأطفال، بالإضافة إلى أنها عوامل التنشيط العقلي والتسلية وتركيز الانتباه.

ولرسوم الأطفال وظيفة تمثيلية، تساهم في نمو الذكاء لدى الطفل، فبالرغم من أن الرسم في ذاته نشاط متصل بمجال اللعب، فهو يقوم في ذات الوقت على الاتصال المتبادل للطفل مع شخص آخر، إنه يرسم لنفسه، ولكن تشكل رسومه في الواقع من أجل عرضها وإبلاغها لشخص كبير، وكأنه يريد أن يقول له شيئاً عن طريق ما يرسمه، وليس هدف الطفل من الرسم أن يقلد الحقيقة، وإنما تنصرف رغبته إلى تمثلها، ومن هنا فإن المقدرة على الرسم تتمشى مع التطور الذهني والنفسي للطفل، وتؤدي إلى تنمية تفكيره وذكائه .

د) مسرحيات الطفل :

إن لمسرح الطفل، ولمسرحيات الأطفال دوراً هاماً في تنمية الذكاء لدى الأطفال، وهذا الدور ينبع من أن (استماع الطفل إلى الحكايات وروايتها وممارسة الألعاب القائمة على المشاهدة الخيالية، من شأنها جميعاً أن تنمي قدراته على التفكير، وذلك أن ظهور ونمو هذه الأداة المخصصة للاتصال – أي اللغة – من شأنه إثراء أنماط التفكير إلى حد كبير ومتنوع، وتتنوع هذه الأنماط وتتطور أكثر سرعة وأكثر دقة .

ومن هذا فالمسرح قادر على تنمية اللغة وبالتالي تنمية الذكاء لدى الطفل.فهو يساعد الأطفال على أن يبرز لديهم اللعب التخيلي، بالتالي يتمتع الأطفال الذين يذهبون للمسرح المدرسي ويشتركون فيه، بقدر من التفوق ويتمتعون بدرجة عالية من الذكاء، والقدرة اللغوية، وحسن التوافق الاجتماعي، كما أن لديهم قدرات إبداعية متفوقة .

وتسهم مسرحية الطفل إسهاما ملموسا وكبيرا في نضوج شخصية الأطفال فهي تعتبر وسيلة مـن وسائل الاتصال المؤثرة في تكوين اتجاهات الطفل وميوله وقيمـه ونمـط شخصيته ولذلك فالمسرح التعلمي والمدرسي هام جدا لتنمية ذكاء الطفل

هـ) الأنشطة المدرسية ودورها في تنمية ذكاء الطفل :

تعتبر الأنشطة المدرسية جزءا مهما مـن منهج المدرسة الحديثة، فالأنشطة المدرسية – أياً كانت تسميتها – تساعد في تكوين عادات ومهارات وقيم وأساليب تفكير لازمة لمواصلة التعليم وللمشاركة في التعليم، كما أن الطلاب الذين يشاركون في النشاط لديهم قدرة على الإنجاز الأكاديمي، كما أنهم إيجابيون بالنسبة لزملائهم ومعلميهم .

فالنشاط إذن يسهم في الذكاء المرتفع، وهو ليس مـادة دراسية منفصلة عـن المـواد الدراسية الأخرى، بل إنه يتخلل كل المواد الدراسية، وهو جزء مهم من المنهج المدرسي بمعناه الواسع (الأنشطة غير الصفية) الذي يترادف فيه مفهـوم المنهج والحياة المدرسية الشاملة لتحقيق النمو المتكامل للتلاميذ، وكذلك لتحقيق التنشئة والتربية المتكاملة المتوازنة، كما أن هـذه الأنشطة تشكل أحـد العناصر الهامة في بناء شخصية الطالب وصقلها، وهي تقوم بذلك بفاعلية وتأثير عميقين .

و - التربية البدنية :

الممارسة البدنية هامة جداً لتنمية ذكاء الطفل، وهي وإن كانت إحدى الأنشطة المدرسية، إلا أنها هامة جداً لحياة الطفل، ولا تقتصر على المدرسة فقط، بل تبدأ مع الإنسان منـذ مولده وحتى رحيله من الدنيا وهي بادئ ذي بدء تزيل الكسل والخمول من العقل والجسم وبالتالي تنشط الذكاء، ولذا كانت

الحكمة العربية والإنجليزية أيضاً، التي تقول (العقل السليم في الجسم السليم)دليلاً على أهمية الاهتمام بالجسد السليم عن طريق الغذاء الصحي والرياضة حتى تكون عقولنا سليمة ودليلاً على العلاقة الوطيدة بين العقل والجسد، ويبرز دور التربية في إعداد العقل والجسد معاً ..

فالممارسة الرياضية في وقت الفراغ من أهم العوامل التي تعمل على الارتقاء بالمستوى الفني والبدني، وتكسب القوام الجيد، وتمنح الفرد السعادة والسرور والمرح والانفعالات الإيجابية السارة، وتجعله قادراً على العمل والإنتاج، والدفاع عن الوطن، وتعمل على الارتقاء بالمستوى الذهني والرياضي في إكساب الفرد النمو الشامل المتزن .

ومن الناحية العلمية :

فإن ممارسة النشاط البدني تساعد الطلاب على التوافق السليم والمثابرة وتحمل المسؤولية والشجاعة والإقدام والتعاون، وهذه صفات هامة تساعد الطالب على النجاح في حياته الدراسية وحياته العملية، ويذكر د. حامد زهران في إحدى دراساته عن علاقة الرياضة بالذكاء والإبداع والابتكار(إن الابتكار يرتبط بالعديد من المتغيرات مثل التحصيل والمستوى الاقتصادي والاجتماعي والشخصية وخصوصاً النشاط البدني بالإضافة إلى جميع المناشط الإنسانية، ويذكر دليفورد أن الابتكار غير مقصور على الفنون أو العلوم، ولكنه موجود في جميع أنواع النشاط الإنساني والبدني).

فالمناسبات الرياضية تتطلب استخدام جميع الوظائف العقلية ومنها عمليات التفكير، فالتفوق في الرياضات (مثل الجمباز والغطس على سبيل المثال) يتطلب قدرات ابتكارية، ويسهم في تنمية التفكير العلمي والابتكاري والذكاء لدى الأطفال والشباب.

فمطلوب الاهتمام بالتربية البدنية السليمة والنشاط الرياضي من أجل صحة أطفالنا وصحة عقولهم وتفكيرهم وذكائهم .

ز) القراءة والكتب والمكتبات :

والقراءة هامة جداً لتنمية ذكاء أطفالنا، ولم لا ؟ فإن أول كلمة نزلت في القرآن الكريم (اقرأ)، قال الله تعالى) اقرأ باسم ربك الذي خلق خلق الإنسان من علق اقرأ وربك الأكرم الذي علم بالقلم علم الإنسان ما لم يعلم) فالقراءة تحتل مكان الصدارة من اهتمام الإنسان، باعتبارها الوسيلة الرئيسية لأن يستكشف الطفل البيئة من حوله، والأسلوب الأمثل لتعزيز قدراته الإبداعية الذاتية، وتطوير ملكاته استكمالاً للدور التعليمي للمدرسة القراءة هي عملية تعويد الأطفال : كيف يقرأون ؟ وماذا يقرأون ؟

ولا أن نبدأ العناية بغرس حب القراءة أو عادة القراءة والميل لها في نفس الطفل والتعرف على ما يدور حوله منذ بداية معرفته للحروف والكلمات، ولذا فمسألة القراءة مسألة حيوية بالغة الأهمية لتنمية ثقافة الطفل، فعندما نحبب الأطفال في القراءة نشجع في الوقت نفسه الإيجابية في الطفل، وهي ناتجة للقراءة من البحث والتثقيف، فحب القراءة يفعل مع الطفل أشياء كثيرة، فإنه يفتح الأبواب أمامهم نحو الفضول والاستطلاع، وينمي رغبتهم لرؤية أماكن يتخيلونها، ويقلل مشاعر الوحدة والملل، يخلق أمامهم نماذج يتمثلون أدوارها، وفي النهاية، تغير القراءة أسلوب حياة الأطفال .

الهدف من القراءة

أن نجعل الأطفال مفكرين باحثين مبتكرين يبحثون عن الحقائق والمعرفة بأنفسهم، ومن أجل منفعتهم، مما يساعدهم في المستقبل على الدخول في العالم كمخترعين ومبدعين، لا كمحاكين أو مقلدين.

والقراءة هامـة لحيـاة أطفالنـا فكـل طفـل يكتسـب عـادة القـراءة يعنـي أنـه سيحب الأدب واللعب، وسيدعم قدراته الإبداعية والابتكارية باستمرار، وهي تكسب الأطفال كذلك حـب اللغـة، واللغة ليست وسيلة تخاطب فحسب,بل هي أسلوب للتفكير .

ح) الهوايات والأنشطة الترويحية :

هذه الأنشطة والهوايات تعتبر خير استثمار لوقت الفراغ لـدى الطفـل، ويعتـبر اسـتثمار وقت الفراغ من الأسباب الهامة التـي تـؤثر عـلى تطـورات ونمـو الشخصية، ووقـت الفـراغ في المجتمعـات المتقدمة لا يعتبر فقط وقتاً للترويح والاسـتجمام واستعادة القـوى، ولكنـه أيضـاً، بالإضافة إلى ذلك، يعتبر فترة من الوقت يمكن في غضونها تطوير وتنمية الشخصية بـصورة متزنة وشـاملة ويـرى الكثير من رجال التربية :

ضرورة الاهتمام بتشكيل أنشطة وقت الفراغ بصورة تسهم في اكتساب الفرد الخـبرات الـسارة الإيجابية، وفي نفس الوقت، يساعد على نمو شخصيته، وتكسبه العديد من الفوائد الخلقيـة والـصحية والبدنية والفنية.ومن هنا تبرز أهميتها في البناء العقلي لدى الطفل والإنسان عموماً .

تتنوع الهوايات ما بين كتابة شعر أو قصة أو عمل فني أو أدبي أو علمـي، وممارسـة الهوايـات تؤدي إلى إظهار المواهب، فالهوايات تسهم في إنماء ملكات الطفل، ولا بد وأن تؤدي إلى تهيئة الطفل لإشباع ميوله ورغباته واستخراج طاقته الإبداعية والفكرية والفنية .

والهوايات إما فردية، خاصة مثل الكتابـة والرسـم وإمـا جماعيـة مثل الـصناعات الـصغيرة والألعاب الجماعية والهوايات المسرحية والفنية المختلفة.

فالهوايات أنشطة ترويحية :

ولكنها تتخذ الجانب الفكري والإبداعي، وحتى إذا كانت جماعية، فهـي جماعـة مـن الأطفـال تفكر معاً وتلعب معاً، فتؤدي العمل الجماعي وهـو بذاتـه وسيلة لنقل الخبرات وتنمية التفكير والـذكاء ولـذلك تلعب الهوايـات بمختلف مجالاتها وأنواعها دوراً هامـاً في تنميـة ذكاء الأطفال، وتشجعهم على التفكير المنظم والعمل المنتج، والابتكار والإبـداع وإظهـار المواهـب المدفونة داخـل نفوس الأطفال .

ط) حفظ القرآن الكريم :

ونأتي إلى مسك الختام، حفظ القرآن الكريم، فالقرآن الكريم من أهـم المناشـط لتنميـة الـذكاء لدى الأطفال، ولم لا ؟ والقرآن الكريم يدعونا إلى التأمل والتفكير، بدءاً مـن خلـق السـماوات والأرض، وهي قمة التفكير والتأمل، وحتى خلق الإنسان، وخلق ما حولنا من أشياء ليزداد إيماننا ويمتزج العلم بالعمل.

وحفظ القرآن الكريم، وإدراك معانيه، ومعرفتها معرفـة كاملـة، يوصـل الإنسان إلى مرحلـة متقدمة من الذكاء، بل ونجد كبار وأذكياء العرب وعلماءهم وأدباءهم يحفظون القرآن الكريم منـذ الصغر، لأن القاعدة الهامة التي توسع الفكر والإدراك، فحفظ القرآن الكريم يـؤدي إلى تنميـة الـذكاء وبدرجات مرتفعة .

وعن دعوة القرآن الكريم للتفكير والتدبر واستخدام العقل والفكر لمعرفة اللـه حـق المعرفـة، بمعرفة قدرته العظيمة، ومعرفة الكون الذي نعيش فيه حق المعرفة، ونستعرض فيما يـلي بعضاً مـن هذه الآيات القرآنية التي تحث على طلب العلم والتفكر في مخلوقات اللـه وفي الكون الفسيح.

قول الحق (أن تقوموا لله مثنـى وفـرادى ثـم تتفكـروا).سـبأ الآيـة ٤٦ وهـي دعـوة للتفكـير في الوحدة وفي الجماعة أيضاً

وقوله عز وجل (كذلك يبين الـلـه لكم الآيات لعلكم تتفكرون).[البقرة الآية ٢١٩] وهـي دعـوة للتفكير في كل آيات وخلق الـلـه عز وجل.

وفي هذا السياق يقول الحق جل وعلا (كذلك يبين الـلـه لكم الآيات لعلكم تتفكـرون) [البقـرة الآية ٢٦٦]

وقوله عز وجل (كذلك نفصل الآيات لقوم يتفكرون).[يونس الآية ٢٤]

و أيضا (إن في ذلك لآيات لقوم يتفكرون) [الرعد الآية ٣]

وقوله سبحانه وتعالى (إن في ذلك لآية لقوم يتفكرون) [النحل١١]

ويفرق الـلـه بين المتفكرين والمستخدمين عقولهم، وبين غيرهم ممن لا يستخدمون تلك النعم.

ويقول الحق سبحانه وتعالى (أولم يتفكروا في أنفسهم) [الروم: ٨]
وهي دعوة مفتوحة للتفكير في النفس والمستقبل .

وهناك دعوة أخرى للتفكير في خلـق الـسموات والأرض، وفي كـل حـال عليـه الإنـسان، فيقـول المولى عز وجل (الذين يـذكرون الـلــه قياماً وقعـوداً وعـلى جنـوبهم ويتفكـرون في خلـق الـسموات والأرض).آل عمران ١٩١

بل هناك دعوة لنتفكر في قصص الـلـه وهو القصص الحق، لتشويق المسلم صغيراً وكبيراً، يقول الحق (فاقصص القصص لعلهم يتفكرون) (الأعراف ١٧٦)

كيفية مساعدة الطفل على النطق

نساعد أطفالنا على إكتساب اللغة داخل البيت هناك عدة طرق منها

١ - أن ينتبه طفلك للأصوات المحيطة به :

- وجه انتباه الطفل إلى الأصوات المختلفة مثل صوت جرس الباب , دعه يضغط غلى الجرس بنفسه

- أجلس الطفل بجانبك وقم بتشغيل لعبة تصدر صوتا مع حركة , ووجه انتباه الطفل إلى اللعبة ثم أوقف الصوت , كرر التمرين عدة مرات

٢ - أن يبتسم لأفراد الأسرة عند مشاهدتهم:

- اجلس أمام الطفل وجها لوجه، ابتسم له , دعه يفهم بحركة يديك وبكلمات محببة أنك سوف تكافئه عندما يبتسم لك

- العب مع الطفل أمام مرآه وشجعه على النظر إلى صورته وكافئه بعد ذلك، المكافئة قد تكون مديحا أو ملامسة أو حتى أطعمة يحبها طفلك

٣ - أن يخرج أصواتا كلامية بسيطة:

- امسك لعبة طائرة وارفعيها إلى فوق وقلدي صوت (وووووو) بنغم طويل مختلف

- دعه يلاحظ حركة الفم وخصوصا الشفاه عند إخراج هذه الأصوات بوضع إصبعه على فمك

٤ - أن يصدر الطفل مقطعا صوتيا مكون من صوتين:

- علق لعبة محببة للطفل بخيط , أنزلها ببطء مع إصدار مقاطع لفظية مثل (توت توت)

- العب مع الطفل لعبة (الغميمة) وذلك بأن تغطي وجهه بقطعة قماش ثم ارفعها بسرعة مع إخراج مقاطع لفظية مثل : بيه بيه

٥ - أن يستعمل إشارات وحركات معينة للإتصال:

- شجعه على عمل حركة النفي بحركة اليد : لا لا لا أو هز الرأس
- تقليد المصاحبة لكلمة باي باي _ حركة اليد _ ضع لعبة أمامه ثم حرك اليد مع حركة باي أو ضع لعبة متحركة أمامه مع تحريك اليد بإشارة تعال تعال

٦ - أن يستجيب لأسمه عند مناداته:

- قم بإخفاء شيء تعرف أن الطفل يحبه (مثل تحت الطاولة) ناده باسمه عدة مرات , ثم أعطه هذا الشيء
- ناد اخوته أمامه واطلب منهم أن يستجيبوا بحركة أو صوت أو كلمة معينة ثم ناده باسمه عدة مرات

٧ - أن يقلد الطفل حركات وأفعال تقوم بها:

- استعمل الألعاب وقلد أفعالا تحدث بشكل يومي مثل : تنظيف الأسنان أو النوم أو الأكل (نطعم اللعبة - اللعبة تريد أن تنام - دعنا نطعم اللعبة).

٨ - أن يفهم تعليمات بسيطة:

- أطلب منه أن يشير بإصبعه إلى أفراد الأسرة, - ساعده على ذلك - يمكن إحضار ألبوم صور يحتوي على صور العائلة, ضع إصبعك على صورة مع تكرار الإسم ثم أطلب منه أن يشير إلى الصورة من بعدك عند الطلب منه: (أرني أحمد) أو (وين أحمد).

٩ - أن يستعمل كلمات بسيطة :

● حول الأصوات التي يخرجها الطفل إلى كلمات بسيطة من مقطع واحد مع إعطاء معنى لهذه الكلمات حتى وإن كانت غير موجودة في اللغة مثل : هم للطعام _ ننه للنوم _ أمبو لشرب...إلخ

١٠ - أن يستعمل كلمات بسيطة أعقد من المرحلة السابقة:

● أذكر أسماء ألعاب وألوان وأشياء محببه للطفل (مثل الفواكه) شجعه على تسمية هذه لأشياء مثل : ما هذه ؟ ...هذه تفاحة

١١ - أن يستعمل كلمتين مع بعض في عبارة أو جملة: .

● من المهم أن يدرب الطفل غي هذه المرحلة على استعمال الفعل _ أبدأ بأفعال بسيطة مألوفة مثل : النوم - الأكل - اللعب

● إستعمل الصور ومجلات الأطفال بكثرة في هذه المرحلة - أطلب من الطفل أن يتعرف على الفعل ومن ثم وصف الصورة مثل : بطه في البيت

١٢ - أن يستعمل جملا مركبة أكثر من السابق :

● دربه على استعمال المفاهيم - ابدأ بمفهوم المكان مثل : القطة تحت الطاولة، البطة تسبح في الماء

● يمكن الإستعانة في هذه المرحلة بأخصائي اللغة والنطق لعمل برنامج كامل للطفل.

وأخيرا ... نحن نستعمل في حياتنا عشرات الكلمات من الأسماء والأفعال والصفات وأدوات الإستفهام في مواقف مثل : (عند الأكل ..الإستحمام ...إلخ) وهذه الكلمات يمكن أن نضيفها إلى الحصيلة

خطوات تجعل الطفل يتكلم بسرعة

منذ ميلاد الطفل يبدأ في التعلم من خلال صلته بأمه المعلم الأول له.. حتى أنها تلاحظ منذ بداية الأسبوع السادس له انه يأخذ رد فعل عند قدومها ويبدأ في المناغاه أو الابتسام أو الترفيس برجليه علامة السعادة.. هناك علامات لتطور الطفل نحو تعلم الكلام.. وهناك عدة نصائح لكي تساعدي طفلك على التكلم وهي:

١- قبل ان يتعلم طفلك طريقة النطق الحقيقي لأول كلمة تبدأ مناغاته ويجب ان تشجعيه ليقلد شكل الكلام برفع وخفض نغمة الصوت الذي يصدره بالرغم من انه صوت واحد وبذلك يبدأ طفلك تدريجيا في التحكم في اللسان والشفاه والأحبال الصوتية.

٢- ومع تطور طفلك في تعلمه الكلام سوف تجدين نفسك تتحدثين معه أكثر وأكثر خاصة أثناء إطعامه أو تغيير ثيابه أو إعطائه حماما ومن الخطأ ان تحدث الأم ابنها بنفس طريقته لأن ذلك ممكن أن يؤدي إلى عيوب في نطق الطفل.

٣- يساعد الطفل على تعلم الكلام غناء الأم له فان كان لا يفهم معني الأغنية إلا انه سيتعود على سماع جمل كاملة.. ويجب أن تساعد الأم طفلها على النطق كما تساعده في تعلم المشي فالكلام بالنسبة للطفل ليس إلا تقليدا لما يسمعه من حوله.

٤- من المفيد حين يستكمل الطفل عامه الأول القراءة أمام الطفل بصوت عال أو الغناء له فرغم انه لا يفهم معاني الكلمات إلا انه يستمتع بالصوت ورتابته.

٥- ابتداء من الشهر الثامن عشر يستطيع الطفل تسمية الأشياء المحيطة به بمسمياتها ولكن إذا لم يحدث ذلك حتى هذه السن فلا داعي للقلق فهناك

كثير من الأطفال يتقدمون ببطء في المرحلة الأولى لتعلم الكلام فمن الممكن أن يبدأ الطفل الكلام في سن مبكرة غير انه يكون بطيء التقدم كما انه يحتمل أن يبدأ التحدث متأخرا لكنه يتقدم بسرعة كبيرة.

٦- عندما يبلغ الطفل عامين يبدأ في تكوين جمل قصيرة تتكون من أسئلة مثل ما هذا؟ أو لماذا؟ ولا يستطيع في هذه السن أن ينطق الجمل الطويلة رغم قدرته على نطق كلماتها منفردة ومن المفيد أن تتكلمي مع طفلك باستمرار وتستمعي له فذلك يزيد حصيلته من الكلمات ومن المفيد اصطحاب الطفل في رحلات أو إلى السوق مثلا أو النادي لأن ذلك سيعطيه فرصة كبري لمشاهدة كثير من الأشياء وسماع أصوات جديدة.

٧- يستطيع الطفل مع بداية العام الثالث أن يكون جملا حقيقية ولكي لا تنزعجي إذا ما استخدم منطقه الخاص في تكوين الأفعال أو جمع الكلمات فهو لا يعرف تصريف الأفعال أو جمع الكلمات وحصيلته اللغوية نحو ١٠٠٠ كلمة ولكن هذه الأخطاء ستختفي مع زيادة حصيلته اللغوية.

كيفية مساعدة الطفل على القراءة؟

- القراءة هامة جداً لتنمية ذكاء أطفالنا، ولم لا ؟؟ فإن أول كلمة نزلت في القرآن الكريم : (اقـرأ)، قال الـلـه تعالى : (اقرأ باسم ربك الذي خلق خلق الإنسان من علق اقرأ وربك الأكرم الـذي علم بالقلم علم الإنسان ما لم يعلم).

فالقراءة تحتل مكان الصدارة من اهتمام الإنسان، باعتبارها الوسـيلة الرئيـسية لأن يستكـشف الطفل البيئة من حوله، والأسلوب الأمثل لتعزيز قدراته الإبداعية الذاتية، وتطـوير ملكاتـه اسـتكمالاً للدور التعليمي للمدرسة، وفيما يلي بعض التفاصيل لـدور القـراءة وأهميتهـا في تنميـة الـذكاء لـدى الأطفال

والقراءة هي عملية تعويد الأطفال : كيف يقرأون ؟ وماذا يقرأون ؟

ولا أن نبدأ العناية بغرس حب القراءة أو عادة القراءة والميل لها في نفس الطفل والتعرف على ما يدور حوله منذ بداية معرفتـه للحـروف والكلـمات، ولـذا فمـسألة القـراءة مـسألة حيويـة بالغـة الأهمية لتنمية ثقافة الطفل، فعندما نحبب الأطفال في القراءة نشجع في الوقـت نفـسه الإيجابيـة في الطفل، وهي ناتجة للقراءة من البحث والتثقيف، فحب القراءة يفعل مع الطفل أشـياء كثـيرة، فإنـه يفتح الأبواب أمامهم نحو الفضول والاستطلاع، وينمي رغبتهم لرؤية أماكن يتخيلونها، ويقلل مـشاعر الوحدة والملل، يخلق أمامهم نماذج يتمثلون أدوارها، وفي النهاية، تغير القراءة أسلوب حياة الأطفال .

والهدف من القراءة أن نجعل الأطفال مفكرين باحثين مبتكرين يبحثون عن الحقائق والمعرفة بأنفسهم، ومن أجل منفعتهم، مما يساعدهم في المستقبل على الدخول في العالم كمخترعين ومبدعين، لا كمحاكين أو مقلدين، فالقراءة أمر

إلهي متعدد الفوائد من أجل حياتنا ومستقبلنا، وهي مفتاح باب الرشد العقلي، لأن من يقرأ ينفذ أوامر الله عز وجل في كتابه الكريم، وإذا لم يقرأ الإنسان، يعني هذا عصيانه ومسؤوليته أمام الله، و الله لا يأمرنا إلا بما ينفعنا في حياتنا .

والقراءة هامة لحياة أطفالنا فكل طفل يكتسب عادة القراءة يعني أنه سيحب الأدب واللعب، وسيدعم قدراته الإبداعية والابتكارية باستمرار، وهي تكسب الأطفال كذلك حب اللغة، واللغة ليست وسيلة تخاطب فحسب، بل هي أسلوب للتفكير .

متى يبدأ الابن القراءة ؟ أنه سؤال يلح دائماً على الوالدين، يختلف كل طفل عن الآخر في القراءة،فلا يوجد مقياس دقيق يوضح متى يكون الطفل قادراً عليها.

وإذا كانت من الآباء الحريصين على القراءة مع أبنائهم ستلاحظ تطور قدرة ابنك عليها .. أما إذا كنت من الذين لا يقرأون لأبنائهم فيلزمك بعض الجهد للتعرف على قدرته بشأنها .

وإليك بعض الأسئلة التي تساعد في اكتشاف قدرات ابنك على القراءة :

١- يحب النظر إلى الكتب ؟

٢- هل يمسك الكتب لينظر إليها أحياناً بمفرده ؟

٣- هل يتظاهر أحياناً إنه يقرأ ؟

٤- هل يظهر اهتماماً للجمل المكتوبة إذا ما أشير إليها ؟

٥- هل يحب اللعب بالكلمات ؟

٦- هل يسأل عن معاني الكلمات ؟

٧- هل يعيد بعض الجمل عندما تقرأ قصص يعرفها ؟

٨- هل يستطيع أن يعيد سرد القصة مرة أخري بطريقة بسيطة؟

إذا كانت أغلب إجاباتك بنعم، فابنك قادر الآن لتقوم معه بالمهارات الآتية :

أولاً : القراءة بصوت مرتفع

اقرأ أنت وابنك معاً وبصوت مسموع فهذا من شأنه أن يرفع من ثقته بنفسه ويمنحه الطلاقة في القراءة يكون أكثر قدرة على فهم القصة وتسلسلها أيضاً، والتركيز على إخراج الطفل بشكل صحيح يجعله أكثر سرعة في القراءة، لتجعل أوقات القراءة لابنك من أمتع الأوقات لديه فإذا وجدها الطفل مسلية مفيدة ستشجعه على الاستمرار ولكي نجعلها أوقات متعة لا بد من :

١- اختيار الكتب : يجب أن تحرص أن تكون الكتب في السنين الأولى عبارة عن قصص وصورها واضحة تماماً تعبر عن كلمات القصة ودائماً القصص الجديدة للطفل تجعله يسأل عن المعاني الجديدة التي يقرأها .

٢- الجلوس للقراءة : بعد اختيار الكتاب تأتي عملية الكتاب والتي يجب أن نراعي فيها :

- أمرر إصبعك على السطر ككل عند القراءة ولا تقرأ الكلمات منفردة.

- اختر بعض الكلمات وأسأله عن معانيها .

- اطلب من ابنك إعادة بعض الفقرات التي يتذكرها من القصة وعند إعادة القراءة مرة أخرى .

- وازن عند القراءة في السرعة المطلوبة لقراءة القصة حتى لا تفقد تسلسلها مع تفهم وإدراك مقدرة طفلك على القراءة .

- أعط للطفل فرصة للنظر للصورة حتى يستطيع أن يحب الكلمات بالصورة.

- لا توقف عن القراءة لتصويب الخطأ إلا في حالات اختلاف المعنى وليس ابدال المرادفات لأن إبدال المعاني يوضح قدرته على الفهم .

- اطلب من ابنك إذا نسي إحدى الكلمات أن يحاول تذكر الكلمة الناقصة وإن لم يستطع اقرأها أنت .

٣- لقراءة منفردة : حتى نبدأ في تأهيل الطفل للقراءة المنفردة تملينا تتبع هذه الخطوات :

١- اجعل صوت ابنك أعلي من صوتك عند القراءة وحاول أن تتوقف عن القراءة في بعض الفقرات ودعه يقرأ وحده .

٢- لا تدفعه دفعاً للقراءة إلا إذا كان لديه الاستعداد للقراءة .

٣- لا تمنعه إن يعيد ما حفظ من الكتب فليس هناك مانع من ذلك .

٤- لا تتوقف عن القراءة بصوت عال لابنك حتى وإن أحسست أنه قادر على القراءة ولكن تبادل الأدوار معه .

٥- لا تقوم بأي عمل أثناء قراءة الابن لك فأعطه دائماً الاهتمام والانتباه .

٦- لا تعود للقصص الأقل مستوي مرة أخري مع ابنك .

ثانياً : القراءة الإيقاعية

ونقصد بالإيقاع تلك الكلمة التي لديها النطق نفسه، فلقد وجد أن الأطفال الغير قادرين على تميز الكلمات المتشابهة في النطق يجدون صعوبة في القراءة مستقبلاً وهذا ما يجعل من الضرورة التركيز على الأناشيد والقصائد البسيطة في مرحلة ما قبل القراءة وللأطفال القادرين على تذكر الكلمات وبعد حفظ الطفل النشيد عليك أن تريه الكلمات المكتوبة الخاصة بها وهذا ما يعطيه الفرصة لرؤية الكلمة وسماعها .

أساليب لتنمية مهارات القراءة

هناك أساليب كثيرة لتنمية مهارات القراءة (المطالعة) ومن أهم هذه الأساليب :

١- تدريب الطلاب على القراءة المعبرة والممثلة للمعنى، حيث حركات اليد وتعبيرات الوجه والعينين، وهنا تبرز أهمية القراءة النموذجية من قبل المعلم في جميع المراحل ليحاكيها الطلاب .

٢- الاهتمام بالقراءة الصامتة، فالطالب لا يجيد الأداء الحسن إلا إذ فهم النص حق الفهم، ولذلك وجب أن يبدأ الطالب بتفهم المعنى الإجمالي للنص عن طريق القراءة الصامتة، ومناقشة المعلم للطلاب قبل القراءة الجهرية.

٣- تدريب الطلاب على القراءة السليمة، من حيث مراعاة الشكل الصحيح للكلمات ولا سيما أو أخرها .

٤- معالجة الكلمات الجديدة بأكثر من طريقة مثل : استخدامها في جملة مفيدة، ذكر المرادف، ذكر المضاد، طريقة التمثيل، طريقة الرسم، وهذه الطرائق كلها ينبغي أن يقوم بها الطالب لا المعلم فقط يسأل ويناقش، وهناك طريقة أخرى لعلاج الكلمات الجديدة وهي طريقة الوسائل المحسوسة مثل معنى كلمة معجم وكلمة خوذة، وهذه الطريقة يقوم بها المعلم نفسه.

٥- تدريب الطلاب على الشجاعة في مواقف القراءة ومزاولتها أمام الآخرين بصوت واضح، وأداء مؤثر دون تلجلج أو تلعثم أو تهيب وخجل، ولذلك نؤكد على أهمية خروج الطالب ليقرأ النص أمام زملائه، وأيضاً تدريب الطالب

على الوقفة الصحيحة ومسك الكتاب بطريقة صحيحة وعدم السماح مطلقاً لأن يقرأ الطالب قراءة جهرية وهو جالس.

٦- تدريب الطالب على القراءة بسرعة مناسبة، وبصوت مناسب ومن الملاحظ أن بعض المعلمين في المرحلة الابتدائية يطلبون من طلابهم رفع أصواتهم بالقراءة إلى حد الإزعاج مما يؤثر على صحتهم ولا سيما حناجرهم.

٧- تدريب الطلاب على الفهم وتنظيم الأفكار في أثناء القراءة .

٨- تدريب الطلاب على القراءة جملة جملة، لا كلمة كلمة، وتدريبهم كذلك على ما يحسن الوقوف عليه .

٩- تدريب الطلاب على التذوق الجمالي للنص، والإحساس الفني والانفعال الوجداني بالتعبيرات والمعاني الرائعة.

١٠- تمكين الطالب من القدرة على التركيز وجودة التلخيص للموضوع الذي يقرؤه .

١١- تشجيع الطلاب المتميزين في القراءة بمختلف الأساليب كالتشجيع المعنوي، وخروجهم للقراءة والإلقاء في الإذاعة المدرسية وغيرها من أساليب التشجيع .

١٢- غرس حب القراءة في نفوس الطلاب، وتنمية الميل القرائي لدى الطلاب وتشجيع على القراءة الحرة الخارجة عن حدود المقرر الدراسي ووضع المسابقات والحوافز لتنمية هذا الميل .

١٣- تدريب الطلاب على استخدام المعاجم والكشف فيها وحبذا لو كان هذا التدريب في المكتبة .

١٤- تدريب الطلاب على ترجمة علامات الترقيم إلى ما ترمز إليه من مشاعر وأحاسيس، ليس في الصوت فقط بل حتى في تعبيرات الوجه .

١٥- ينبغي ألا ينتهي الدرس حتى يجعل منه المعلم امتداداً للقراءة المنزلية أو المكتبية .

١٦- علاج الطلاب الضعاف وعلاجهم يكون بالتركيز مع المعلم في أثناء القراءة النموذجية، والصبر عليهم وأخذهم باللين والرفق، وتشجيعهم من تقدم منهم، وأما أخطأ الطلاب فيمكن إصلاحها بالطرق التالية :

تمضي القراءة الجهرية الأولى دون إصلاح الأخطاء إلا ما يترتب عليه فساد المعنى بعد أن ينتهي الطالب من قراءة الجملة التي وقع الخطأ في إحدى كلماتها نطلب إعادتها مع تنبيهـه علـى موضـوع الخطأ ليتداركه .

يمكن أن نستعين ببعض الطلاب لإصلاح الخطأ لزملائهم القارئين .

قد يخطئ الطالب خطأ نحوياً أو صرفياً في نطق الكلمـة فعلـى المعلـم أن يـشير إلى القاعـدة إشارة عابرة عن طريق المناقشة .

قد يخطئ الطالب في لفظ كلمة بسبب جهله في معناها وعلاج ذلـك أن يناقـشه المعلـم حتـى يعرف خطأه مع اشتراك جميع الطلاب فيما اخطأ فيه زميلهم .

يرى التربويين أنه إذا كـان خطـأ الطالـب صـغيراً لا قيمـة لـه وخـصوصاً إذا كـان الطالـب مـن الجيدين ونادراً ما يخطئ فلا بأس من تجاهل الخطأ وعدم مقاطعته .

مساعدة أطفالنا على تقوية الذاكرة والتذكرة.

الاحتفاظ بالخبرة الماضية شرط من شروط التكيف. والأشياء والمواقف والحوادث التي يواجهها الإنسان لا تزول صورها بمجرد انقضائها وغيابها، بل تترك آثارا يحتفظ بها ويطلق عليها اسم (ذكريات). وان التلميذ الذي يشاهد تجربة أجراها المعلم أمامه واطلع على نتيجتها يحتفظ بهذه الخبرة ويستطيع أن يستعيدها حين يسأله المعلم عنها.

فإن استعادة الخبرات السابقة التي تمر بالإنسان عبارة عن نشاط نفسي يسمى التذكر. وطبيعي أن يسبق التذكر عمله تثبيت الخبرة ليتم الاحتفاظ بها واستعادتها. ولذلك فإن التثبيت (أو الحفظ) والتذكر لا ينفصلان.

ويعتبر النمو العقلي للطفل مهمة القائمين على تربيته فمعرفة خصائصه ومظاهرة تفيد إلى حد بعيد في تعلم الطفل واختيار أكثر الظروف ملائمة للوصول بقدراته واستعداداته إلى أقصى حد ممكن. ومع الاستعداد للعام الدراسي الجديد من الأهمية بمكان أن نعرف أكثر عن ركن من أهم أركان المذاكرة وهو التذكر.

التذكر والنسيان

ويعتبر التذكر والنسيان وجهين لوظيفة واحدة فالتذكر هو الخبرة السابقة مع قدرة الشخص في لحظته الراهنة على استخدامها. أما النسيان فهو الخبرة السابقة مع عجز الشخص في اللحظة الراهنة عن استعادتها واستخدامها.

والذاكرة كغيرها من الفعاليات العقلية تنمو وتتطور، وتتصف ذاكرة الطفل في السادسة بأنها آلية. معنى ذلك إن تذكر الطفل لا يعتمد على فهم المعنى

وإنما على التقيد بحرفية الكلمات. وتتطور ذاكرة الطفل نحو الذاكرة المعنوية (العقليـة) التـي تعتمد على الفهم.

إن التذكر المعنوي لا يتقيد بالكلمات وإنما بالمعنى والفكرة، وبفضله يزداد حجم مـادة التـذكر ليصل إلى ٥ – ٨ أصناف. كما أن الرسوخ يزداد وكذلك الدقة في الاسترجاع. ويساعد عـلى نمـو الـذاكرة المعنوية نضج الطفل العقلي وقدرته على إدراك العلاقة بين عناصر الخبرة وتنظيمها وفهمها.

يتطور التذكر من الشكل العضوي إلى الإرادي. إن الطفل في بداية المرحلة يعجز عـن استدعاء الـذكريات بـصورة إراديـة وتوجيهها والـسيطرة عليها ويبدو هـذا واضحا في إجابتـه عـلى الأسـئلة المطروحة عليه إذ نجده يسترجع فيضا من الخبرات التي لا ترتبط بالسؤال. وتدريجيا يـصبح قـادرا في أواخر المرحلة على التذكر الإرادي القائم على استدعاء الذكريات المناسبة للظروف الراهنـة واصطفاء ما يناسب الموقف.

ذاكرة الطفل

وذاكرة الطفل ذات طبيعة حسية مشخصة في البداية.. فهو يتـذكر الخبرات التي تعطى لـه بصورة مشخصة ومحسوسة وعلى شكل أشياء واقعية فلو عرضنا أمام الطفل أشياء وصورا مشخصة وكلمات مجردة، وطلبنا منه بعد عرضها مباشرة أن يـذكر مـا حفظه منها، لوجـدناه يـذكر الأشياء والصور والأسماء المشخصة أكثر من تذكره للأعداد والكلمات المجـردة ولهـذا الـسبب يـستطيع طفل المدرسـة الابتدائيـة (لاسيما الـسنوات الأربـع الأول) الاحتفـاظ بـالخبرات التـي اكتـسبها عـن طريـق الحواس.

ولذلك ينصح باعتماد طرق التدريس في تلك الصفوف بوجه خاص عـلى اسـتخدام الوسائل الحسية والممارسة العملية المشخصة للوصول إلى خبرات واضحة

أكثر ثباتا في الذهن. ويظل تذكر المادة المحسوسة مسيطرا خلال المرحلة الابتدائية بأكملها ولا يزداد مردود تذكر الكلمات التي تحمل معنى مجردا الا في المرحلة المتوسطة.

المفاهيم المحسوسة والمجردة

إن اكتساب الطفل للمفاهيم بما فيها المفاهيم المجردة ونمو التفكير والقدرة على إدراك العلاقات والفهم ينمي لديه وبشكل واضح إمكانية تذكر المادة الكلامية. كما يزداد مردود الذاكرة ويطول المدى الزمني للتذكر. ان طفل السابعة يستطيع ان يحفظ مثلا ١٠ أبيات من الـشعر وابن التاسعة ١٣ بيتا ويصل العدد إلى سبعة عشر بيتا في الحادية عشرة.

كيفية ترسيخ المعلومات عند أطفالنا

إن معرفتنا بها تساعدنا في تحسين طرائق الحفظ والتذكر وبالتالي التقليل من حدوث النسيان ومساعدة الطفل في نشاطه المدرسي التعليمي. أهم هذه العوامل:

ـ الفهم والتنظيم: تدل التجارب حول الحفظ والنسيان ان نسبة النسيان تكون كبيرة في المـواد التي لا نفهمها أو التي تم حفظها بشكل حرفي. لذلك فان الـذاكرة المعنوية التي تعتمد في الحفظ على الفهم اثبت من الذاكرة الآلية التي تتقيد بحرفيـة المـادة وتعتمد في التثبيت على التكرار. إن إدراك العلاقات يلعب دورا مهما في التثبيت لذلك فان الطفل يحفظ الأمور المعللة أكثر من غيرها.

ويساعد التنظيم والربط بين أجزاء المادة وعناصرها عـلى جعلهـا وحـدة متماسـكة ويزيـد مـن إمكانية تذكرها وحفظها ويمكن ان يتم الربط بينها وبين الخبرات السابقة وبذلك يتم للطفل إدخالهـا منظومة معلوماته.

وهكذا يربط التلميذ بين الجمع والـضرب (الـضرب اختـصار الجمـع) وبـين الـضرب والقـسمة حيث أن (٣٥ مقسومة على ٧) عملية ضرب من نوع آخر.

وفي مادة الجغرافيا يربط بين الموقع والمناخ والمياه وبين هـذه كلهـا والنـشاط البـشري. بـشكل عام إن الذاكرة القائمة على فهم الأفكار وتنظيمها أقل تعرضا للنسيان من الذاكرة الآلية القائمـة عـلى التكرار لبحت.

وضوح الإدراك

إن الإدراك الواضح لموضوع ما يساعد عـلى تثبيتـه وتـسهم في الوضـوح عوامـل متعـددة منهـا إشراك الحواس لاسيما حاستي السمع والبصر. من هنا أتت أهمية الوسائل الحـسية لتلاميـذ المرحلـة الابتدائيـة. يلعـب الانتبـاه دورا في تعميـق الإدراك وتوضـيحه كـما يـسيء للفهـم إن الإدراك العـرضي المشتت لا يصل بالتلميذ إلى الخبرة المعطاة وإثارة الاهتمام بها والعناية بعرضها بشكل يجذبه.

العامل الانفعالي

إن الطفل يتذكر ما هو ممتع بالنسبة له بصورة أفضل ولمدة أطول كما يـستخدمه في نـشاطه. ولهذا ينصح عادة بإثارة الدافع للتعلم لدى الطفل حين يراد له تعلم خبرة ما. ان وجود الدافع يجعل اكتسابه للخبرة مصدرا لانفعال سار ناتج عن إشباعه. واستنادا إلى هذا العامل الانفعالي تعطـي طـرق التعليم الآن أهمية كبيرة لدور التعزيز في تقدم التعلم. يعتبر الخـوف والقلـق مـن الانفعـالات التـي تعيق الإدراك والانتباه وتشوشهما وبالتالي فإنها تعيق التثبيت والتذكر.

الزمن بين التخزين والتذكر

كلما كان هذا المدى قصيرا كان التذكر أقوى وأوضح. فالطفل ينسى معلوماته القديمة (باستثناء الخبرات المصحوبة بشحنة انفعالية قوية) أكثر من الخبرات الجديدة. ولكن استخدام المعلومات القديمة في مواقف متكررة ينفي عنها صفة القدم ويجعلها سهلة التذكر. كما ان الحفظ القائم على الفهم وإدراك العلاقات يضمن تثبيتا طويل الأجل .

الذكاء

إن تأثير الذكاء يتجلى في قدرة الطفل الذكي على فهم المعنى التنظيم والإدراك الواضح والربط بالمعلومات السابقة، وهذه كلها عوامل تسهم في التثبيت والحفظ والشخص الذكي يأنف من الذاكرة الآلية ولا يقبل على حفظ أي شيء لا يفهمه. إن تعليم الأطفال الأساليب المجدية في الحفظ يساعد إلى حد كبير على تحقيق نتائج جيدة في تذكر معلوماتهم وقد تثبت جدوى هذه الأساليب حيث تعتمد على الفهم التنظيم لمحتوى المادة المدروسة ومن أهم الأساليب:

إذا كانت مادة الحفظ نصا أو موضوعا فإن أفضل طريقة للحفظ هي وضع خطة للنص أو الموضوع وإبراز الفكرة الرئيسية والأفكار الفرعية وجمع المعطيات في تصنيفات ومجموعات مع اختيار تسمية أو عنوان لمجموعة ثم الوقوف على العلاقات الجوهرية بين المجموعات والربط بين أجزاء الموضوع.

استخدام الرسوم والمخططات والرسوم الهندسية والصور القائمة على أساس الشرح الكلامي.

استخدام المادة الواجب حفظها في حل مسائل تتعلق بها ومن شتى الأنواع.

التكرار ويعتبر طريقة مناسبة للحفظ إذا توفرت بعض الشروط التي تبعد الحفظ الآلي. لـذلك لابد من الاستخدام العقلاني للتكرار ويكون بمراعاة الأمور التالية: توزيع المراجعات بحيث تفصل بـين تكرار وآخر فترة من الراحة (الفاصل يجب أن يكون مناسبا يسمح بالراحة ولا يكون طويلا يـؤدي إلى إضاعة آثار المرة السابقة) هذا التكرار الموزع أفضل من التكرار المتلاحق. والفاصل يمنح راحة تقضي على عاملي التعب والملل اللذين يشتتان الانتباه.

ويعتبر النوم فترة راحـة مثاليـة لان النوم خـال تمامـا مـن الفعاليات المقحمة التـي يواجهها الإنسان في يقظته، ويفضل أن تقرأ المادة قبل النوم مرة واحدة ثم تعاد قراءتها مرة ثانية في الـصباح فهذا أجدى من قراءتها عدة مرات تتخللها نشاطات مقحمة ويزيد التأثير السلبي للفعاليات المقحمة كلما كان التشابه كبيرا بينها وبين المعلومـات الأصلية المـراد حفظها فحفظ درس في اللغـة العربيـة يعرقله درس يليه باللغة الانجليزية مثلا. ويقل التأثير السلبي كلما كانت الفعاليات السابقة واللاحقة مختلفة.

إذا كانت المـادة المطلوب حفظهـا محـدودة المحتـوى وذات وحـدة (مـثلا أبيـات قليلة يمثـل مضمونها حدثا واحدا) فان الطريقة الجزئية الكلية هي الأفضل في التكرار ويقصد بها تكرار المـادة كلها في كل مرة أما إذا كانت المادة طويلة (قصيدة طويلة) أو موضوعا متـشعب الجوانـب فيفـضل الطريقة الجزئية القائمة على تقسيم القصيدة إلى أجزاء ويشترط أن يكون لكل جزء وحـده أو فكـرة رئيسية.

لا يجوز أن يكون التكرار آليا بل مصحوب بنشاط عقلي يتمثل في الانتباه والفهم وربط الأجزاء في تنظيم عقلي يبرز تسلسل الأفكار وترابطها كما يربطها بالخبرات السابقة

الفصل الثالث

إبداع الطفـــــــــل

- التفوق العقلي وتعريفه.
- كيف نجعل أبنائنا مبدعين؟
- كيف نتعرف على الأطفال المبدعين.
- الأطفال المبدعين وخصائصهم.
- دلائل عناية الإسلام بالمبدعين.
- الطفل وقدرته على الإبداع.
- إبداع الطفل بين خجله وغيرته.
- نمو الطفل في سؤاله.
- كيف نطلق إبداع الطفل من خلال الحكايات؟
- الأدب الشعبي يعين الطفل على الإبداع وسرعة التحصيل.

التفوق العقلي وتعريفه

هو مفهوم ثقافي يقصد به ارتفاع في مستوى الأداء في مجال مـن الحـالات العقليـة و تحديـد الجماعـة مدى الارتفاع الذي إن وصل إليه الفرد في أدائه اعتبر تفوقاً عقلياً و هذا يتوقف على حاجـة الجماعة و ثقافتها [1].

◖ **تعريف المتفوق عقلياً : .....**

هو من وصل في أدائه إلى مستوى أعلى من مستوى العاديين في مجال من المجالات التي تعبر عن المستوى الفعلي الوظيفي للفرد بشرط أن يكون ذلك المجال موضع تقدير الجماعة [2].

◖ **تعريف الموهبة :**

١. يعرف الشخص الموهبة على أنها استعداد طبيعي أو قدرة تساعد الفرد على الوصول إلى مستوى أداء مرتفع في مجال معين رغم عدم تميزه بمستوى ذكاء مرتفع بصورة غير عادية .

◖ **تعريف الطفل الموهوب (المتفوق) child Gifted**

٢. الأطفال الموهوبون و تضم هذه الفئة الأطفال الذين تضعهم قدراتهم المعرفية في القطاع الأعلى من منحنى التوزيع الاعتدالي الذي يضم من (٣ – ٥ %) من أفراد المجتمع .

---

(١) أ. د. عبد الفتـاح محمد دويدار ١٩٩٧الذكاء و القدرات العقلية المكتب العلمي للكمبيوتر والنشر والتوزيع الإسكندرية .
(٢) د/ سيد صبحي أطفالنا المبتكرون ٩٦ – ١٩٩٧ جامعة عين شمس – كلية التربية – قسم الصحة النفسية.

☜معنى الذكاء :

قدرة عقلية عامة و تعد الوظيفة الأساسية للعقل و الذكاء يشمل على هذه القدرات - التفكير و التعلم و التكيف فالشخص الذكي هو :

١. أقدر على التعلم و أسرع فيه .

٢. أقدر على الإفادة مما يتعلمه .

٣. أسرع في الفهم من غيره .

٤. أقدر على التبصر في عواقب أعماله .

٥. أقدر على التصرف الحسن و اصطناع الحيلة لبلوغ الهدف .

☜ملامح الابتكار عند الطفل :

إن الطفل في مقدوره شأنه شأن الراشد أن ينتج أعمالاً قد تتفوق في بعض الأحيان على أعمال الراشد و أن الطفل إذا ما وجه التوجيه السليم و أعطى الفرصة المناسبة فإننا نجده ينطلق في مجالات عديدة مفكراً أو منتجاً ومتحركاً ومتخيلاً...

وواصلاً إلى ما قد يند على الكبار بفضل خياله الخصب .

إن الأطفال مبتكرون بالطبيعة وهم لا يحتاجون إلا إلى مناخاً صالحاً يمكنهم من إظهار قدراتهم والتعبير عن استعداداتهم(١).

وهناك ملامح وخصائص وصفات تميز الطفل الموهوب من غيره والتي منها :

☜١. الخصائص الجسمية :

- وزن أكبر عند الميلاد .

(١)د / عبد الفتاح جابر - التربية الخاصة لمن ؟ لماذا ؟ كيف مرجع سابق صـ ٢١١

- المشي والكلام في وقت مبكر .
- البلوغ في وقت مبكر .
- ظهور مبكر للأسنان .
- تغذية أعلى من المتوسط .
- زيادة في الطول والوزن واتساع الكتفين .
- قدرة حركية عالية وعيوب حسية أقل .
- درجة أقل من عيوب النطق والأعراض العصبية .

٢. خصائص التعليم :

- بناء ثروة لغوية بتقدم مستوى السن ومستوى الصف الدراسي .
- نمو عادات القراءة المستقلة وتفضيل الكتب ذات المستوى المتقدم .
- الإتقان السريع للمادة المتعلمة وتذكر للمعلومات المتصلة بالحقائق.
- استخلاص المبادئ العامة والقدرة على القيام بتعميمات صادقة .

٣. الخصائص الابتكارية :

- حب الاستطلاع الشديد لعدد متنوع من الأشياء .
- قدر أكبر من الأصالة في حل المشكلات والاستجابة للأفكار .
- درجة أقل من الاهتمام بالمسايرة .

٤. الخصائص القيادية :

- الثقة بالنفس والنجاح في العلاقات مع جماعة الرفاق .
- الاستعداد لتحمل المسئوليات .
- سهولة التكيف مع المواقف الجديدة .

☜٥. الخصائص الاجتماعية والانفعالية :

- أكثر حساسية اجتماعية من العاديين .
- أكثر قدرة على تحمل المسئولية .
- هم أبناء يمكن الثقة فيهم والاعتماد عليهم .
- أكثر ثباتاً من الناحية الانفعالية.

☜وسائل وطرق التعرف على المتفوقين عقلياً :

☜ (أ) : الاختبارات الموضوعية المقننة :

ويجب أن تكون هذه الاختبارات تشخيصية توجيهية فلا تكفي أن تمدنا بالدرجات بل يجب أن ننظر إليها على أنها أدوات توجيهه ومن بين هذه الاختبارات

١. اختبار الذكاء بنوعيها الفردي والجمعي وتفضل الاختبارات الجمعية كأداة للمسح العام والاختبارات الفردية فتفضل في تقدير وتشخيص القدرة لكل فرد على حدة .
٢. اختبارات قدرات التفكير الإبتكاري ومن أشهرها اختبار مينسوتا للتفكير الإبتكاري .
٣. اختبارات الاستعدادات والقدرات الخاصة التي تقيس قدرات الطفل الخاصة في النواحي الفنية والميكانيكية واللغوية .
٤. اختبارات التحصيل الموضوعية التي تقيس المستوى التحصيلي ويراعى أن تغطي كل موضوعات الدراسة وأن تعطى في فترات منتظمة .
٥. اختبارات الشخصية كمقياس التقدير والشخصية والنضج الاجتماعي .

و يقتضي تطبيق الاختبارات المختلفة وتفسير نتائجها أن يقوم بها أخصائيون معدون إعداداً جيداً ومدربون تدريباً كاملاً على هذا العمل .

ب - تقديرات الآباء والأمهات :

ما من شك في أن تقارير الآباء والأمهات لها قيمتها وأهميتها في تقدير تفوق أطفالهم حيث أنهم أكثر الناس معرفة بهم ودراية بسلوكهم وخصائصهم التي لا تكشف عنها الاختبارات الموضوعية المتنوعة غير أنه لوحظ أن التحيز والتعصب يغلب على هذه التقارير في بعض الأحيان ولذلك ينبغي النظر لها على أنها معلومات مساعدة للتعرف على الأطفال المتفوقين .

ج - ملاحظات وتقارير المدرسين : (مدرس الفصل)

يتصل المدرسون اتصالا مباشراً بالأطفال في الفصول وفي ميادين النشاط المختلفة، ويمكنهم بحكم هذا الاتصال أن يتعرفوا على الأطفال الموهوبين إلا أنه في بعض الأحيان يفشلون في الكشف عن نسبة كبيرة من الأطفال المتفوقين بسبب عوامل شخصية تؤثر في حكمهم على التلاميذ وقد وجد أن ٧ر١٥ % فقط من احتياجات المدرسون كانوا متفوقين ويرجع ذلك إلى العوامل الذاتية التي يختار على أساسها المدرسون بعض التلاميذ على أنهم موهوبون مثل الألفة وحسن العلاقة أو اعتمادهم على التحصيل الدراسي أو تدخل بعض العوامل النفسية التي تدفعهـم إلى التقليل من شأن التلاميذ الموهوبين، كل ذلك يجعل تقارير المدرسين وملاحظاتهم غير أساسية .

د - إنتاج الأطفال :

بعد إنتاج الأطفال من أفضل الأسس التي يمكن أن تساعد في التعرف على الأطفال الموهوبين وهذا الإنتاج يشمل جوانب متعددة سواء كانت أكاديمية أو فنية مثل كتابة القصص والشعر والتجارب العملية والأشغال والزخرفة والإيقاعات والرقصات وغيرها .

هـ - بطاقات التلاميذ (سجل التلميذ) :

وهي تشمل معلومات متعددة عن التلميذ منها النواحي النفسية والتعليمية والاجتماعية والاتجاهات والميول والهوايات وغيرها وهي سجل تراكمي للتلميذ يوضح تاريخه التعليمي ومدى تقدمه في الدراسة في الأعوام السابقة غير أن هناك بعض السلبيات منها أن هذه البطاقات تملأ بياناتها بطريقة روتينية لأن القائمين باستيفائها مثقلون بالعمال بالإضافة إلى الأعداد الكبيرة من التلاميذ .

و - تقدير الأقران :

لا يقل تقدير الأقران كمصدر من مصادر المعرفة عن سابقة خاصة عندما نريد التعرف على بعض الصفات كالصفات القيادية ويستخدم لذلك الأساليب السيومترية .

البرامج التعليمية للموهوبين والمتفوقين عقلياً :

لعل من نافلة القول أن نوضح أنه لا يوجد برنامج تعليمي واحد يصلح للتطبيق مع جميع الأطفال الموهوبين والمتفوقين عقلياً أي أن لكل طفل حالة فريدة وهم كجماعة لا يمكن تنظيمهم في إطار خطة تعليمية موحدة، فكل طفل لابد وأن يقيم في إطار قدراته ونواحي الضعف فيه مع الأخذ في الاعتبار الإمكانات المتاحة للنظام المدرسي والمجتمع .

تخطيط البرامج التعليمية للمتفوقين عقلياً :

بدون التخطيط الجيد للبرامج التعليمية للمتفوقين عقلياً يبقى هؤلاء الأطفال دون أن يواجهوا أي نوع من التحدي وهناك بعض اعتبارات هامة تجب مراعاتها أثناء تخطيط برنامج تعليمي للأطفال الموهوبين :

١. أن تعمل الهيئة الإدارية التعليمية على القيام باختيار لجنة إرشادية من رجال العلم للمشاركة في تخطيط الجوانب المختلفة للبرنامج التعلمي.

٢. عندما يخطط البرنامج لابد من شرحه وتفسيره وبيان أهدافه للمجتمع المحلي .

٣. حصر جميع التنظيمات والجمعيات والأنشطة المجتمعية التي يمكن أن تلعب دوراً في تحقيق أهداف البرنامج الموضوع .

٤. استغلال جميع المصادر المتوفرة في المجتمع .

٥. التقييم الدوري وتقديم تقارير دورية للمجتمع .

☞ **تصنيف البرامج التعليمية للمتفوقين عقلياً :**

هناك ثلاثة برامج عامة يمكن استخدامها مع المتفوقين :

١. الإسراع التعليمي Acceleration .

٢. الإثراء Enrichment .

٣. مجموعات القدرات Grouping Ability .

☞ **أولاً : الإسراع التعليمي Acceleration في العملية التعليمية:** وهو تخطي بعض الصفوف الدراسية وهذا يعني أن التلميذ يستطيع أن ينتهي من مرحلته التعليمية في عمر زمني مبكر عندما يحقق النضج الاجتماعي بشكل أسرع من الطفل العادي .

☞ **الممارسات التربوية لتحقيق الإسراع التعليمي تشمل الخبرات التالية :**

١. خطة الوحدة عدم وجود صفوف أو العمل في إطار فصول متعددة المستويات .

٢. عام دراسي أطول برامج صيفية تقدم في المدارس والجامعات .

٣. دراسة بعض المقررات عن طريق المراسلة .

٤. مواد دراسية إضافية تقدم في المرحلة الثانوية أو الجامعية .

٥. تقدم مقررات دراسية على المستوى الجامعي لتلاميذ المرحلة الثانوية .

٦. الالتحاق المبكر بالجامعة .

٧. الدراسة المستقلة في المدارس الثانوية أو الجامعة .

☜ أساليب الإسراع في العملية التعليمية :

١)   الالتحاق المبكر برياض الأطفال :

لقد وجدت دراسة بيرش Birch ١٩٥٤ أن الأطفال المتفوقين الذين بدأو دراستهم في سن مبكرة كانوا أكثر تفوقاً على زملائهم بناءً على تقيمات المدرسين .

٢)   تخطي بعض الصفوف الدراسية :

أوضحت الدراسات أن الأطفال المتفوقين الذين تخطو أحد الصفوف الدراسية أظهر تفوقاً في النواحي الاجتماعيـة والتعليمية والمهنية أكثر مما حققه غيرهم من الأطفال الأذكياء ولكنهم لم يتخطوا أياً من الصفوف الدراسية .

٣)   تركيز المقررات الدراسية :

وتشمل سياسة التركيز هذه أن ينهي التلميذ المقررات الدراسية المطلوبة في فترة زمنية تقل عن الفترة الزمنية المعتادة للانتهاء من هذه الصفوف وفي أحد هذه الأساليب المعروفة باسم (البرنامج الابتدائي غير محدد الصفوف) .

وفيه يقوم الطفل بدراسة مقررات مفروض أنها Brimary Bragram Ungraded تقدم للطفل علـى مدى ثلاثة سنوات، إذا أنتهي أحد الأطفال من دراسة هذه المقررات في فترة زمنيـة تقـل عـن الثلاثـة سنوات يمكن أن ينتقل في الصف إلى الصف الرابع وهكذا .

٤) الالتحاق المبكر بالجامعة :

أن الأطفال الذين استفادوا من أسلوب تخطي الصفوف وتركيز المقررات هم من سيلتحقون بالجامعة مبكراً نظراً لتفوقهم في مراحل التعليم المختلفة .

☜ ثانياً : برنامج الإثراء التعليمي Enrichment

يشير هذا البرنامج إلى إدخال ترتيبات إضافية وخبرات تعليمية يتم تصميمها بهدف جعل التعليم ذا معنى أكثر كما يكون مشوقاً بدرجة أكبر وعندما لا تتوفر الفرص أمام الطفل المتفوق للاستفادة من برامج إسراع العملية التعليمية، فإنه يستطيع أن يستفيد بشكل جيد من هذا البرنامج وهو يهدف إلى استثارة النمو العقلي عند الأطفال المتفوقين وتنمية مهاراتهم العقلية إلى أقصى حد ممكن.

☜ و تتضمن هذه الطريقة التطبيقات التالية :

١. إعطاء الأطفال المتفوقين الواجبات الإضافية وإشراكهم في الأنشطة المختلفة .

٢. العمل على تجميع التلاميذ المتفوقين في مجموعة واحدة مما يتيح الفرصة أمامهم للعمل سوياً وما يترتب عليه من المنافسة فيما بينهم .

٣. تقديم برامج تعليمية إضافية للأطفال المتفوقين في المدارس الابتدائية (التأسيسية) .

٤. الاستعانة بأحد الأخصائيين في التربية الخاصة في مجال التفوق العقلي – تكون من واجباته :

أ – التعرف على حالات التفوق العقلي .

ب – مساعدة المدرس العادي على توفير مواد تعليمية جيدة يستفيد منها الطفل المتفوق .

ج – القيام بالعملية الإرشادية للطفل المتفوق فيما يتعلق بالأنشطة المختلفة خارج الفصل .

د - عقد اجتماعات مع الأطفال المتفوقين وحلقات بحث لمناقشة بعض القضايا التي تهمهم .

ج - أن يعهد المعلمون إلى وضع امتحانات عالية المستوى للأطفال المتفوقين ومساعدة هؤلاء الأطفال على تحقيق الروح الاستقلالية .

☜ثالثاً : برنامج مجموعات القدرات : Grouping Ability

وهذا النظام ينطلق من فرضية مؤداها أن تجميع الأطفال المتفوقين في مجموعات متجانسة يفسح المجال لتقديم عناية أفضل وذلك نتيجة تقارب قدراتهم وحاجاتهم الأساسية وتجانسها ومن الأساليب الشائعة في هذا النظام .

١. ☜الفصول الخاصة :

هي من أكثر الأساليب شيوعاً ومن إيجابياتها :

أ - تتيح الفرصة للمدرس أن يتعامل مع مجموعة متقاربة ذات خصائص متعددة فيسهل عليه بذلك تقديم محتوى دراسي بالشكل المناسب وخصائص هذه المجموعة .

ب - إن وجود الطلبة المتفوقين في نفس قاعة الدرس يوفر درجة من التحدي لقدراتهم للإثارة العقلية) مما يجعلهم يعملون وفق طاقاتهم القصوى .

ج - إن وجود الأطفال العاديين في فصولهم العادية والأطفال المتفوقين في فصولهم الخاصة يؤدي إلى تقوية دوافع كل منهم لمزيد من التحصيل والتفوق.

• ☜و من سلبيات هذا النظام :

١. يحرم الطفل العادي أو الضعيف من الإثارة التي يتيحها الطفل المتفوق من خلال تعليقاته وأسئلته التي يطرحها في الفصل .

٢. أن هذا التجميع يركز على وجه واحد منها هو التحصيل بينما النمو العقلي يتسم بالتنوع .

٣. إن توزيع الأطفال على أساس القدرة العقلية قد يتوقف النمو العقلي في الفصول العادية .

☜٢. المدارس الخاصة بالمتفوقين :

إن تخصيص مدارس للمتفوقين يمكن من تصميم برامج خاصة لهم وتزويد تلك المدار بالإمكانات التي تحتاجها هذه الفئة المتفوقة عقلياً كما يمكن توظيف مدرسين معدين إعداداً خاصاً لتدريس المتفوقين .

☜٣. تجميع الأطفال المتفوقين بعد انتهاء اليوم الدراسي :

وقد لقي النوع بعض المعارضة رغم تأييد الكثيرين مما حدا ببعض التربويين إلى التفكير في تصور ثالث من الناحية التنظيمية يتم بمقتضاه تجميع الأطفال الموهوبين في جماعات يطلق عليها فصول بعض الوقت Classrooms time Part .

☜٤. فصول بعض الوقت: class room time Part

وتقوم هذه الفكرة على أساس عدم الفصل بين الأطفال الموهوبين والعاديين في الفصول العادية وإنما تقدم لهم الرعاية اللازمة بعد انتهاء اليوم الدراسي في فصول خاصة يطلق عليها فصول الشرف حيث تقدم لهم برامج خاصة في المواد أو المجالات التي يبرزون فيها تفوقاً ويحتاج هذا النظام إلى إمكانيات كما يحتاج إلى عدد كبير من التلاميذ في المدرسة الواحدة [١].

(١) تربية غير العاديين و تعليمهم د / عبد الرحمن سيد سليمان أستاذ الصحة النفسية المساعد - كلية التربية جامعة عين شمس صـ ١٩٩٦ .

☚الصفات العامة لمعلم المتفوقين (الموهوبين) :

إن إعداد معلم الموهوبين يعد ركناً أساسياً في رعايتهم وتربيتهم لذلك يقترح بعض الباحثين ضرورة أن تتوافر فيه الصفات العامة الآتية :

١. أن يؤمن بأهمية تعليم الأطفال الموهوبين وأن يكون ملماً بسيكولوجية الموهوبين ومعنى التفوق والابتكار .

٢. أن يتقن المادة التي يقوم بتدريسها وأن يكون متخصصاً وأن يكون قادراً على رسم برنامج دراسي متكامل يوفر للتلاميذ الموهوبين خبرات متعددة ومتنوعة .

٣. أن يجيد طرق التدريس المناسبة للأطفال المتفوقين والتي تتمشى مع حاجاتهم إلى تناول الموضوعات بعمق أكثر من غيرهم ولا يلزم تلاميذه بالتطابق في الأفكار وإلا أخمد روح الابتكار لديهم وأن يوفر لهم الحرية حتى يحاولوا تجربة ما لديهم من إمكانيات .

٤. أن يكون واسع الإطلاع لديه دراية بطرق البحث العلمي في المجالات العلمية .

٥. أن تتوفر لديه بصيرة نافذة تساعده على اكتشاف الإمكانيات الكامنة في كل تلميذ .

٦. أن تكون لديه القدرة على قيادة الأطفال الموهوبين من خلال أنشطتهم وجماعاتهم المدرسية وأن يكون قادراً على تحقيق التوافق بينهم وبين زملائهم العاديين .

٧. أن يكون على اتصال دائم لكل من يتعاملون مع تلاميذه كأولياء الأمور والأخصائيين الاجتماعيين والمدرسين وغيرهم .

٨. أن يتحرر من مشاعر الحسد والغيرة إزاء قدرات الطفل الموهوب ويكون معتز بنفسه .

9. الموضوعية في تقدير قدرات الطفل الموهوب .
10. يعرف ويتفهم الخصائص المعرفية والاجتماعية والانفعالية وحاجات التلاميذ المتفوقين ومشكلاتهم النابعة من قدراتهم غير العادية .
11. تنمية منهج يتصف بالمرونة والفردية والتنوع بما يتناسب وقدرات الطلبة المتفوقين ويغذي روح التفاعل لديهم .
12. خلق مناخ تربوي يمكن المتفوقين من استخدام جوانب القوة لديهم ويستكشفوا من خلاله خصائصهم النمائية ويغامرون في التفاعل مع الواقع والأفكار الجديدة ويشعرون بروح المنافسة .
13. تدريس المتفوقين المهارات العالية من التفكير والتكامل بين الجسم والعقل وتحقيق الذات والحدس وتقييم الذات .
14. تغذية القدرات الابتكارية لدى المتفوقين وكيفية التعبير عن قدرات التفوق من خلال الأعمال التي يقومون بها .
15. تشجيع الوعي الاجتماعي لدى الطلبة المتفوقين واحترام الإنسان والبيئة وتقدير الآخرين .
16. تربية العاملين وتعلمهم .

☜السمات الشخصية لمعلم الموهوبين :

1. أن يكون متفهماً مستقلاً - محترماً واثقاً في نفسه .
2. أن يكون حساساً حيال مشاعر الآخرين فيحترمهم ويساعدهم.
3. أن تكون قدرته العقلية أعلى من المتوسط .
4. أن يكون مرناً مستقبلاً للأفكار الجديدة .
5. أن تعبر اهتماماته عن مستوى ذكائه .

٦. أن تكون لديه رغبة في التعليم وزيادة معرفته .

٧. أن يكون متحمساً نشطاً يقظاً .

٨. أن تكون لديه رغبة في التفوق والتميز .

٩. أن يكون دائماً مسؤولاً عن سلوكه وما يتمخض عن هذا السلوك من نتائج.

١٠. أن يرجو الثواب من اللـه تعالى .

١١. أن يكون تقياً ورعاً يخشى اللـه عز وجل .

☜ الاستعدادات المهنية :

١. يجب أن يتصف سلوكه بروح القيادة والتوجيه بدلاً من الإجبار والتحكم .

٢. يجب أن يكون ديموقراطياً في تعامله مع طلابه .

٣. أن يتسم بالتأكيد على العمليات والنتائج .

٤. أن تكون لديه القدرة على التجديد والابتكار .

٥. أن يستخدم أسلوب حل المشكلات .

٦. أن يشرك التلاميذ في العملية التدريسية من خلال اعتماده على أسلوب الاستكشاف .

☜ سلوك التدريس :

١. أن يكون قادراً على بناء طرق منفردة تتصف بالمرونة .

٢. يخلق جواً من الدفء والأمان والتسامح .

٣. يقدم تغذية راجعة بشكل مستمر .

٤. ينوع من إستراتيجياته التدريسية .

٥. يحاول تدعيم وتعزيز مفهوم الذات لدى طلابه .

٦. يثير المستويات العليا من المهارات العقلية .

٧. يحترم طلابه ويقدرهم .

٨. يقدر السلوك الابتكاري .

☜أمثلة ونماذج لبناء برامج المتفوقين :

هناك نماذج متعددة البناء برامج المتفوقين وسنعرض لنموذجين هما نموذج ميكر Maker الذي قدمه عام ١٩٨٢ ونموذج رنزولي Renzulli وهما نموذج الإثراء الثلاثي Model Enrichmentrieed والسبب في اختيار هذين النموذجين أنهما يمثلان فلسفتين مختلفين لرعاية المتفوقين فيؤكد النموذج الأول على بناء برامج ومناهج خاصة بالمتفوقين ومختلفة نوعياً عن البرامج العادية بينما يؤكد النموذج الثاني على إمكانية الإفادة من المناهج العادية وتطويعها لتناسب قدرات المتفوقين وبالتالي لا توجد حاجة لبناء برامج خاصة بهم [(١)]

☜نموذج ((ميكر)) :

ينطلق نموذج ميكر من الفكرة التي تنادي بوجوب بناء برامج خاصة بالمتفوقين تختلف عن برامج العاديين من حيث المحتوى، العمليات النتائج وبيئة التعليم فيما يلي سنعرض لهذه العناصر .

١. المحتوى : يجب أن يؤكد على التجريد التركيب - التنوع - التنظيم - الاقتصاد - ودراسة العنصر البشري والمناهج والأساليب العلمية .

٢. العمليات : يجب أن يتمحور المنهج حول المستويات العليا من التفكير كالتحليل والتركيب والتقييم بالإضافة إلى تشجيع التفكير التباعدي بدلاً من التفكير التقاربي كما يجب أن يؤكد على التعليم بالاستكشاف، حيث

---

(١) المتفوقون تعريفهم - رعايتهم - برامجهم و إعداد مدرسيهم - مجلة دراسات تربوية - المجلد الخامس (ج ٢٤) القاهرة - عالم الكتب ١٩٩. ، صـ ١٢٩ - ١٣٢

تتاح للمتفوقين الفرصة لاكتشاف المبادئ والأسس التي تجمـع بـين الأمـور المختلفـة وفي هـذا المجـال يجب أن يطلب مـن التلميـذ أن يعـرض للكيفيـة والأساليب التي أستخدمها للوصـول إلى النتـائج بدلاً من عرض النتيجة فقط وعلى المنهج أن يوفر درجـة مـن الحريـة لاختيار الطالـب المتفوق سواء في الموضوع أو الطريقة ومن هنا يتضح ضرورة التنوع في مصادر العلم كالدراسات الحلقية والبحوث وغيرهـا، كـما يـوفر المـنهج المهـارات الاجتماعيـة وذلك لتكفل درجـة مـن التفـوق الاجتماعي بالإضافة لعنصر الرافعية لضمان استمرار المتفوق في عملية التعلم .

٣. النتائج : بعد أن يتم التعديل في محتوى وعمليات المنهج بالشكل الذي سبق ذكره لابـد أن تتوقع نتائج تختلف نوعياً عما نتوقعه في المناهج العادية فنتوقع في هذه الحالة أن يتمكن التلميذ مـن التعامل مع المشكلات الحقيقية للمجتمع وأن يـستفاد مـن حلـول هـذه المـشكلات عـلى نطـاق المجتمـع ككـل بعبارة أخرى يجب أن لا تكون نتائج أعمال المتفوقين تلخيصاً لأعمال الآخرين بل أعمالا تتصف بالجدة والأصالة تنعكس فيها شخصيته وقدراته وإمكاناته العالية .

٤. مناخ التعلم : يعتبر مناخ التعليم أساسياً لدافعية الطالب المتفوق واستثارة ميوله ولذلك يجب أن يتوفر مناخ يكفل مستوى عالياً من الفعالية والاستفادة من المنهج بشكل كبير .

☚ و يتمثل مناخ التعلم في الأمور التالية :

١.   أن يتمركز التعلم حول التلميذ وليس المدرس وبذلك فهي تركز على ما لدى التلميذ من اهتمامات وميول وأن يكون التلميذ إيجابي في العملية التعليمية .

٢. الاستقلالية وهي يتمثل في مشاركة التلميذ في القرارات الأكاديمية والاجتماعية .

٣. المناخ المفتوح إذ يجب أن يتميز المناخ النفسي والمادي بالمرونة بحيث يسمح للمستجدات المادية والفكرية بالاندماج مع تلك الموجودة أصلا ويضفي هذا الأمر درجة من الدينامية لبيئة التعلم ويخلصها من الجمود [١].

☜ **ثانياً : نموذج رونزلي (أو نموذج الإثراء لثلاثي) :**

يعتمد هذا النموذج على استخدام المناهج العادية في رعاية المتفوقين بشرط أن تتوفر لها شروط خاصة تنظم عملية التعلم وفق هذا النموذج في ثلاث مراحل أساسية معتمداً على افتراضين أساسيين هما اهتمامات التلميذ، ومتى وأين يقدم الإثراء والمراحل الثلاثة هي :

١. مرحلة الأنشطة الاستكشافية العامة :

في هذه المرحلة يتعرض جميع التلاميذ لمجموعة من الأنشطة العامة غير المقيدة ويحاولون من خلال استكشاف ميولهم واختيار موضوعات الدراسة تبعاً لتلك الميول ولذلك يمكن القول أن أهم ما يميز هذه المرحلة هي بلورة ميول التلميذ كما سيتولد عنها بعد ذلك من أثر دافعي على أداء التلميذ .

٢. مرحلة النشاط التدريبي للجماعة :

يتم في هذه المرحلة تدريب الجماعة على تنمية مهارات التفكير لديهم كالملاحظة ولا تحليل التصنيف من خلال الأنشطة التي اتفقت مع ميولهم في المرحلة الأولى، حيث تعتبر هذه المهارات أدوات لازمة وضرورية للتعامل مع محتوى المجالات التي تم اختيارها .

---

(١) تربية غير العاديين و تعليمهم د / عبد الرحمن سلمان صـ ٧٢ - ٧٣ .

٣. مرحلة تناول المشكلات الحقيقية :

هي المرحلة الثالثة يتعامل التلاميذ كأفراد أو جماعات مع المشكلات الحقيقية باستخدام المهارات التي اكتسبوها في المرحلة السابقة فيبدأ التلاميذ بتحديد المشكلة وجمع الحقائق حولها وعرض ما يتوصلون إليها من نتائج وتنتهي العملية بكتابة تقرير حوله .

وتصنف نموذج الإثراء الثلاثي بدرجة من المرونة إذ يتيح الفرصة لجميع التلاميذ للتعلم من جهة كما يتيح المجال للمتفوقين فرصة البروز من خلال تقديم أعمال تختلف نوعياً عن أعمال أقرانهم من جهة أخرى يتحاشى هذا النموذج جملة من الانتقادات الموجهة إلى البرامج الخاصة بالمتفوقين .

☜ ثالثاً : فكرة ذرع المواهب وتشكيلها :

ظهرت فكرة زرع المواهب وتشكيلها نتيجة للدراسات التي أجريت للتعرف على أثر البيئة على النمو العقلي وعلى الذكاء فنسبة الذكاء غير ثابتة والبيئة يمكن أن تؤثر على هذه النسبة إيجاباً وسلباً نتيجة للخبرات المبكرة فالبيئة الغنية بالخبرات المتنوعة ترفع مستوى الذكاء وتؤثر في القدرة على التحصيل والتعلم وتنمي الإدراك والحواس والعكس بالنسبة للبيئة المحرومة وقد ظهر في الآونة الأخيرة مفهوم الكفاءة Competence وهو مفهوم أعم وأشمل وهو نقبي التوافق مع البيئة والسيطرة عليها على نحو أفضل وتنمية الكفاءة يعتمد على تكامل الجوانب العقلية والجسمية والانفعالية والاجتماعية والشخصية.

☜ ويمكن تلخيص المتطلبات الضرورية لزرع المواهب .

- الاهتمام بالطفولة منذ بدء الحمل وخلال الطفولة المبكرة وتوفير الرعاية بجميع أبعادها للأطفال .

- إقامة مراكز للإرشاد النفسي تنهض بالأعباء .

أ - إعداد المحركات والمعايير والأدوات الملائمة للكشف عن المواهب والموهوبين.

ب - توزيع الموهوبين داخل المدارس العادية طبقاً لأحدث الأساليب العلمية [1]

رابعاً : اكتساب الطفل للعلم والمعرفة مهمة لا تنتهي :

يجب أن نغرس في التلميذ الموهوب والمتفوق مبدأ أن التعلم لا يقف عند حد معين وإنما عليه دائماً تجديد معلومات واكتساب الجديد من الخبرات مصداقاً لقوله تعالى ((وقل ربي زدني علماً)) صدق الله العظيم وقول الرسول (صلى الله عليه وسلم) " اطلبوا العلم من المهد إلى اللحد " صدق رسول الله صلى الله عليه وسلم .

عرض لبعض الممارسات التعليمية الواجبة لمواجهة خصائص الأطفال المتفوقين عقلياً :

لما كان الطفل المتفوق عقلياً يمتلك قدرات عقلية تمكنه من التحصيل الجيد وبصفة خاصة في الموضوعات الدراسية للمرحلة الابتدائية فإنه يترتب على ذلك أن يصبح من اللازم إدخال بعض التعديلات التعليمية المعينة وإجراء بعض التغيرات في المواد الدراسية إذا أردنا لبرنامج تعليم الطفل المتفوق أن يكون برنامجاً ملائماً سواء كان ذلك في إطار فصل خاص أو خطة لإسراع التعليم أو في إطار الفصل العادي .

وقد قدم كيرك Kirk ١٩٧٢ في هذا المجال مجموعة من المقترحات للممارسات التعليمية بناءً على الفروق الكمية والنوعية بين الطفل المتفوق عقلياً والطفل العادي يمكن تلخيصها فيما يلي : -

(١) تربية غير العاديين و تعليمهم عبد الرحمن سيد سليمان مرجع سابق صـ ٧٦ .
أ. د / عبد الفتاح صابر، التربية الخاصة لمن - لماذا - كيف مرجع سابق صـ ٢٣٦ . ٢٣٧ - ٢٣٨

١. التعديل التعليمي للطفل المتفوق عقلياً والذي يملك خاصية التعلم بمعدل أسرع من معدل تعلم الطفل العادي .

نظرا لسرعة هذا الطفل في التعلم فإنه يتطلب قدراً من المتعلم الإضافي على أن يتأكد المعلم من أن الطفل قد أكتسب بالفعل التعلم الضروري المتوقع ثم يسمح له بالانتقال إلى خبرات تعليمية جديدة .

٢. التعديل التعليمي للطفل المتفوق عقلياً والذي يملك خاصية القدرة على الاستدلال أعلى منها عند الطفل العادي .

القدرة العالية على الاستدلال عند الطفل المتفوق عقلياً تخلق عمقاً اكبر في الفهم وغالباً ما يكون هذا الطفل قادراً على أن ينظر بعمق إلى المشكلات التي تواجهه ويكون قادراً على الإحساس بكثير من العلاقات الغامضة، ويستخلص نتائج وتعميمات تتجاوز ما هو متوقع من الطفل في مثل سنه ومثل هذه الخاصية يجب عدم إغفالها ولابد من تنميتها وتطويرها في بعض الأحيان يكون الموقف العكسي صحيحاً أيضاً إذ يحتاج الطفل المتفوق عقلياً إلى مساعدة المعلم في تحليل الخطوات التي توصل من خلالها إلى نتيجة معينة حيث قدرة الطفل المتفوق عقلياً على الاستدلال قد تكون سريعة في بعض الأحيان إلى الحد الذي يجعله يتوصل إلى الإجابة دون أن يمر بالخطوات العادية ويظهر هذا بوضوح في حل بعض المشكلات الحسابية ويحتاج الطفل في هذه الحالة إلى عون لتحليل عملية التفكير والخطوات التي تمر بها عندما يكون بصدد تطبيق هذه الخطوات في مواقف أخرى أكثر تعقيداً .

٣. التعديل التعليمي للطفل المتفوق عقلياً الذي يمتلك ثروة لفظية أوسع من الطفل العادي .

على الرغم من أن الثروة اللفظية التي يستخدمها الطفل الموهوب تكون عادة أعلى من مستوى استيعاب بقية أطفال الفصل إلا أنه يجب أن تتاح لهذا الطفل فرصة للتعبير عن نفسه وبصفة خاصة في موضوعات التعبير وفي كتابة التقارير العلمية وفي الشرح والمناقشة داخل الفصل إذ أن أحد أهداف لنمو الطفل الموهوب يتمثل في تعلم الطريقة التي يعبر بها عن نفس الشيء بمصطلحات أكثر بساطة وأن تكون لديه حساسية عما يستطيع بقية الأطفال فهمه واستيعابه .

٤. التعديل التعليمي للطفل المتفوق عقلياً الذي لديه مدى واسع من المعلومات :

نظراً للذاكرة القوية والقدرة على ربط المعلومات المتفرقة والاحتفاظ بها فإنه يكون متوقعاً من الطفل الموهوب أن يعرف معلومات أكثر مما يعرفه الطفل العادي فعلى المعلم أن يشجع مثل هذه المداخل الموسعة على الرغم من أنها قد تعني عملاً إضافياً بالنسبة له .

٥. التعديل التعليمي للطفل الموهوب الذي يتميز بدرجة غير محدودة من حب الاستطلاع :

يجب أن يعمل النظام التعليمي على استخدام حب الاستطلاع لديه كعامل بدفعه إلى دراسة أوسع وأشمل .

٦. التعديل التعليمي للطفل المتفوق عقلياً والذي يتمتع بمدى واسع من الميول والاهتمامات .

نظراً لأن مثل هذا الطفل يكون لديه واقع حيوي خاصة للأعمال الذهنية قد يكون من الصعب في بعض الأحيان جعله يترك العمل الذي بدأه جانباً كي يتابع العمل الروتيني في الفصل ومن ثم فهمه المعلم هي أن يربط الميول بالمجال النمائي .

٧. التعديل التعلمي للطفل المتفوق عقلياً والذي يتسم بالتفوق الاجتماعي ويتمتع بشعبية لدى الأطفال الآخرين .

حالة التوافق هذه عند هذا الطفل قد تسوء لو أن قدرته الابتكارية واختلاف سلوكه ونقص ميله إلى المسايرة ووجهت بالاضطهاد وتثبيط العزيمة وفي هذه الحالة قد يلجأ الطفل إلى تكوين مفهوم عن ذاته بأنه شخص مختلف عن الآخرين ومن ثم يحاول أن يعتزل عن الجماعة .

٨. التعديل التعليمي للطفل المتفوق عقلياً الذي يتسم بسمة الناقد الغير راضي عن مستوى إنجازه :

لما كان النقد الذاتي خصلة من الخصال الطبيعية بشرط ألا يصبح الفرد ناقداً لكل شيء يفعله ويتوقف عن الإنتاج لأنه لا يشعر بالرضا أو الاقتناع بإنتاجه الذاتي وهذا يتطلب ممن المعلم أن يلاحظ اتجاه النقد الذاتي الواضح عند الأطفال المتفوقين عقلياً وعليه أن يساعد الأطفال ليكونوا مقتنعين وراضين عما يفعلوه في كل مرحلة من مراحل نموهم .

٩. التعديل التعليمي للطفل المتفوق عقلياً فيما يتعلق بقدرته على قوة الملاحظة :

أهمية الاستفادة من قدرة هذا الطفل على إدراك الأشياء التي قد لا تكون واضحة عادة بالنسبة للأطفال الآخرين ولما كان هذا الطفل يميل إلى ملاحظة أوسع للظاهرة والاستفادة من خبرة معينة يجب أن يشجع على تحقيق الربط بين هذه الخبرات وإدراك العلاقات بينهما .

١٠. التعديل التعليمي للأطفال الموهوبين الذين يظهرون قدرات ابتكاريه .

الاهتمــام ورعاية الاقتراحات الجديدة المبتكرة التي قد يتقدم بها مثل هؤلاء الأطفال ويجب أن تلقي القبول والتقدير وتقديم المساعدة بتقييم مدى قابليته اقتراحاتهم وآرائهم للتطبيق في المواقف المباشرة، ولذا قد يتطلب الأمر من المعلم

أحياناً قدر كبير من المرونة والابتكارية كي يحول الآراء والاقتراحات الفجة إلى آراء صالحة وهناك عدد من الطرق مقترحة لتحقيق هذه الهدف .

أ - تشجيع وتدعيم التعلم الذي يأخذ فيه التلاميذ بزمام المبادئة .

ب - الســماح للأطفــال بــالتعلم مـــن تلقـــاء أنفـــسهم دون فـــرض واجبـــات معينة عليهم .

ج - التعلــم في إطار بيئة استجابية يكون فيها حب الاستطلاع عند الطفل الموهوب دافعاً للتعلم .

د - مساعدة الطفل المتعلم على أن يجد نفسه وأن يكون مفهوم لذاته .

كيف نجعل أبنائنا مبدعين؟

الطفل المختلف ..

ومن خلال وضعك الوظيفي ما رأيك في مدارسنا والمناهج العربية هل تدعم عملية الإبداع ؟

للأسف الشديد إن مدارسنا في معظم دول العالم العربي لا تسمح بظهور الإبداع فالمناهج بها قدر كبير من الحفظ والتطبيقات، ومدارسنا الأساسية لا تتقبل الطفل المبدع، لأنه الطفل المختلف الذي يثير الصف وتكون له وجهة نظر مختلفة وبالتالي فهو غير مقبول من مدرسيه ..

والإبداع أما أن يكون متفجراً لا يمكن كبته مثلما حدث مع أديسون وغيره ممن طردوا من المدارس ثم وجدوا من يتلقاهم ويحتضنهم وأما أن تكون درجة الإبداع عندهم أقل فيحبط الإبداع .

وتتابع فريدة الفارسي : إن المعلم غير مؤهل لاحتواء الأطفال أساساً ليس لديه الوقت الكافي لاحتوائهم فهو بإدارة موجهين ومنهج واختبارات وأعمال كتابية، فلا يوجد فرصة لديه لإقامة علاقة ودية مع طلبته، بل يصدر لهم الأوامر فقط وقد تتحول العلاقة بين المعلم وتلميذه إلى علاقة عدائية .

قص ولزق

وما العلاج من وجهة نظرك ؟

سأختصر الإجابة في نقاط أولاً : عمل برنامج أساس في المدارس للمناطق الإبداعية أي يعتمد علي نشاط وليس المنهج الدراسي والكل يشارك فيه بالأدوات والكيفية التي يختارها - يرسمون يخططون - يقصون الأوراق الملونة ويكونون أشكال يقرأون الكتب والقصص .

ثانياً : الحرص في اختيار المعلم وتأهيله باستمرار فلا تكتفي بدراسته الجامعية أو الأكاديمية بل تكثف له دورات في رعاية الموجهين وتفجير الإبداع داخل التلاميذ .

ثالثاً : علي الأسرة أن تكون علي وعي كي تقوم بدورها أيضاً كذلك وسائل الإعلام ولا تتحول إلى بقالات تبيع ما يريده الناس بل تفرق بأن لها رسائل في عملية بناء الطفل .

كيف تكتشف إبداع ابنك ؟

المبدع طفل سريع في نموه العقلي مقارنة بالذين في مثل سنه أيضاً :

- فمن يتعلم القراءة مبكراً يميل إليها بصورة غير عادية .
- يستطيع أن يدرك علاقات لا يستطيع الآخرون رؤيتها كالعلاقة بين الضوء والنبات والسحاب والجبال والسيارات في المدن والجمال في الصحراء .

• يوجه أفكاره بطلاقة تجاه هدف معين لإنجازه ببراعة وإتقان فمثلاً إذا عرضت قضية فإنه يعطـي أكبر عدد من الأفكار حولها تأتي متنوعة في اتجاهات مختلفة نتيجة للمرونة العقلية التـي يتميـز بها .
• يقدم أفكار جديدة ونادرة غير تقليديها لم يقدمها أحد من قبله وهي تأتي من خياله الخصب .
• يصل أحياناً إلى أبعاد مستقبلية يثبت الزمن بعـد ذلـك أنهـا جـادة وذات أهميـة كبـيرة في حيـاة الأفراد والمجتمعات فقد يري أن الناس يعتمدون علي الطائرة بصورة أساسية في التنقل من قريـة إلى قرية، أو استخدام الهواء في تسيير القطارات والسيارات أو تغير لون أشعة الشمس من اللـون الذهبي إلى اللون الرمادي وهكذا .
• يثير التساؤلات حول القضايا والمشكلات ويميل إلى البحث وتتنوع اهتماماته في كل المجالات .

دور الأسرة

✓ أن تشجعه علي التحدث والتعبير عن نفسه وتستمع له جيداً
✓ أن تسمح للطفل باللعب الدرامي كأن يمثل والده .
✓ يجب أن تهتم برسومات الطفل وأعماله البسيطة وإذا طلب مهنا أن تشاهد لعبة تشجعه وتبدي إعجابها وتوفر له خامات كالخشب والصلصال يلعب بها ولا تسخر من أفكاره أو ألعابه .

أنشطة الإبداع :

هي أنشطة تساعد الأبناء علي التفكير المبدع

١ - **باستخدام أساليب استفهامية مثل :**

- ما هو الشيء الذي يكون طعمه أفضل إذا كان أكثر حلاوة ؟

- ما هو الشيء الذي يكون أكثر متعة إذا كان أسرع أو أبطئ ؟
- ما هو الشيء الذي يكون أكثر متعة إذا كان أصغر أو أكبر ؟

٢ - باستخدام أساليب ماذا يمكن أن يحدث ؟

- ماذا يمكن أن يحدث إذا اختفت جميع السيارات ؟
- ماذا يمكن أن يحدث إذا أرتدي الناس جميعهم نفس الملابس ؟
- ماذا يمكن أن يحدث إذا لم ينظف الناس منازلهم ؟

٣ - باستخدام الألعاب المبدعة :

القصة المسلسلة : ويمكن لكل أفراد الأسرة القيام بها حيث يبدأ أحدهم القصة ثم يكملها الآخر تلو الآخر ويضع لها الجميع النهاية المناسبة .. وهي من الألعاب التي يمكن القيام بها في السيارة .

قصص التعرف علي النتيجة وهي أن يضع الأب أو الأم فرضية لمشكلة ثم يطلب م الأبناء التوصل لحل بل ويطلب منهم أيضاً أن يضعوا مشاكل أبطال القصة ومناقشة للنتائج معهم .

المسرح للطفل.. تعليم ولعب

يعتبر المسرح من أهم السبل للوصول إلى عقل ووجدان الطفل.

والمقصود هنا هو ذاك المسرح الذي يقوم بالتمثيل فيه هم الأطفال أنفسهم، فضلاً عن أنه مُوجَّه إلى الطفل. ولما كان واقع مسرح الطفل في العالم العربي أقل كثيراً عمَّا يرجوه رجال التربية وأصحاب طموحات القرن الجديد.. لذا كانت تلك الوقفة السريعة.

إذا كان المسرح بالعموم من الفنون الهامة، فإن مسرح الطفل منه على درجة أهم من عدة جوانب؛ لأن تنشئة الطفل على التعامل مع هذه التقنية كفيل بتدريبه

على كيفية التعامل مع الآخر، وترسخ لدى الطفل حب هذا الفن الراقي وتحويل المقررات الدراسية إلى ألعاب معرفية يتداولها الأطفال فيما بينهم بطريقة حيوية ولا تعتمد على الحفظ والتذكر، كما أن ترسيخ القيم الأصيلة في المجتمع يتم طرحها على خشبة المسرح بلا تلقين مفتعل ومتعمد.

ليس المقصود بأهمية المسرح الجانب الفكري فقط؛ لأن اللعب من أهم النشاطات الإنسانية عند الطفل، والمسرح عند الطفل من الممكن أن يصبح لعبة محببة، وقد اصطلح على أن تكون مسرحية الطفل مجموعة من الألعاب (ألعاب إيهامية، وألعاب التظاهر، وألعاب الدراما الاجتماعية.. وغيرها).

النظرة التربوية ترى في اللعب نوعًا من الفنون يمزج فيه الخيال بالواقع، كما أن اللعب نوعًا من التنفيس عن طاقة الطفل الذي يدفع الصغير لحب الحياة والاستمتاع بها، وهو ما يدفع إلى الانتماء والسلوك السوي.

إن تعامل الطفل بممارسة ألعاب الدراما الاجتماعية تعتبر تدريبًا على تكيف الأطفال لمتطلبات الذكورة والأنوثة.. فتقليد الطفل للكبار في الأعمال المسرحية التي يؤديها الطفل مع متابعة الأطفال (المشاهدين) يزكي تلك المواصفات، وتدريبهم جميعًا على مواجهة الصراع أو عقدة المسرحية.

ثم يأتي دور الكاتب الذي يُعَدُّ من أهم الأدوار، هناك نوعان من الكتابة والكتاب: أولهما الشاعر والقصاص أو المبدع، والآخر هو الباحث الذي قد يكتب نموذجًا واحدًا يعبر عن وجهة نظر، إلا أنه وجد في المبدع أفضلية توفير عنصر التشويق والإثارة مع إبراز الصراع بسلاسة وبلا افتعال.

لم تَعُدْ الأفكار الكبيرة وحدها هي المطلوبة بالمسرح (للطفل).. هناك أهداف أخرى يتلقاها الطفل بلا افتعال.. أهداف لغوية، رفع الذوق العام، التنمية

النفسية والوجدانية، تنمية بعض المهارات، تزويد ببعض المعلومات مع تهذيب التفكير.

عمومًا هناك بعض الشروط العامة يلزم مراعاتها حين مخاطبة الطفل سواء بالمسرح أو غيره:

- الاختيار المناسب للحكاية التي تهيئ للفعل الدرامي.
- مراعاة المرحلة العمرية.. سواء للطفل المشاهد أو في العمل الفني نفسه.
- مراعاة القواعد النفسية والقيم العليا والاجتماعية.
- العمل على زيادة خيال ومدركات الطفل.
- المباشرة التي تحترم عقل الطفل، وتنشط ذهنه أيضًا.

بمتابعة المراحل العمرية للطفل وخصائصها، يلزم مراعاة خصائص كل مرحلة كالتالي:

١ - مرحلة الحضانة.. فيها يميل الطفل إلى تقليد أبيه، والطفلة تقلد أمها.. كما أن الطفل يملك خيالاً بلا حدود في تلك المرحلة كأن يمتطي العصا ويتمثلها حصانًا.

٢ - مرحلة رياض الأطفال.. وفى تلك المرحلة اللعب والتمثيل شيء واحد. كأن يُغَنِّى الطفل أغنية لحيوان ما ثم يتقمص هذا الحيوان. ويمكن عن طريق الكلمات تلقين الطفل القيم المختلفة.

٣ - مرحلة الابتدائية.. التمثيل هنا له دوره الفاعل والهام في الإمتاع والتلقين والتعليم وذلك على عدة أشكال:

- مسرحية المناهج التعليمية

- توظيف الإيهام المسرحي في تلقين وغرس القيم وذلك
عن طريق (ممارسة المواقف التمثيلية، الألعاب التمثيلية أي
المزج بين اللعب والموقف المسرحي، ثم الألعاب التعليمية
التي تتضمن اللعب والمعلومات).

عمومًا يتأكد للجميع وفي كل المراحل أهمية إبراز الآتي:

- الكشف عن مشاعر وانفعالات الطفل.

- تنمية مهارات الطفل والتدرب على حل المشاكل.

- التعرف على الأفكار واتجاهات الأطفال أنفسهم.

- تلقين المعلومة المعرفية والتعليمية بطريقة شيقة.

.. وقد أفرد أحد الباحثين بعض الدراسات البحثية عن مسرح الطفل، وفيه انتهى إلى الآتي:

- المباشرة.. يجب ألا تصل إلى حد التقريرية وإغفال عقلية الطفل.

- فكرة "الخير والشر" في الأعمال المقدمة للطفل؛ يجب ألا تتم بالتلقين وإصدار الأحكام
الجاهزة غفل عن عقل الطفل.

- الوعي بالسمات العمرية لكل مرحلة سنية في كتابة وتقديم العمل الفني الدرامي.

- معرفة الدلالات الرمزية للأشياء عند الكاتب لتوظيف ما يعرف بـ "الإسقاط" في معالجة
الفكرة.

- ممارسة اللعب التخيلي وتنشيط خيال الطفل من أهم أهداف العمل الفني للطفل.

- حضور الطفل إلى المسرح يمكن أن يخلصه من بعض المشاكل النفسية البسيطة مثل

الشعور بالذنب أو القهر أو الخوف.. مع ترسيخ الانتماء واحترام الذات.

- يرى البعض أهمية مناقشة العمل الفني مع الطفل بعد إسدال الستار.
- يلزم مراعاة القيم الإيجابية في النصوص المقدمة.. من حيث المضمون واللغة.
- كما أن مشاركة الطفل بالتمثيل من الأمور الإيجابية.
- ضرورة أن يغطي النص المسرحي الجانب العاطفي والنفسي والتعليمي لاحتياجات الطفل.

يمكن القول أخيراً أن المعنى هنا هو مسرح بالطفل وليس مسرحًا للطفل، أي ذلك المسرح الذي يعتمد على الطفل أساسًا في أغلب عناصره من الموضوع والتمثيل والغرض.

(اعرف ابنك .. اكتشف كنوزه .. استثمرها)

الموهبة والإبداع عطيَّة اللـه تعالى لجُلِّ الناس، وبِزرةٌ كامنةٌ مودعة في الأعماق؛ تنمو وتثمرُ أو تذبل وتموت، كلٌّ حسب بيئته الثقافية ووسطه الاجتماعي.

ووفقاً لأحدث الدراسات تبيَّن أن نسبة المبدعين الموهوبين من الأطفال من سن الولادة إلى السنة الخامسة من أعمارهم نحو ٩٠%، وعندما يصل الأطفال إلى سن السابعة تنخفض نسبة المبدعين منهم إلى ١٠%، وما إن يصلوا السنة الثامنة حتى تصير النسبة ٢% فقط .

مما يشير إلى أن أنظمةَ التعليم والأعرافَ الاجتماعيةَ تعمل عملها في إجهاض المواهب وطمس معالمها، مع أنها كانت قادرةً على الحفاظ عليها، بل تطويرها وتنميتها .

فنحن نؤمن أن لكلِّ طفلٍ ميزةً تُميِّزه من الآخرين، كما نؤمن أن هذا التميُّزَ نتيجةُ تفاعُلٍ (لا واعٍ) بين البيئة وعوامل الوراثة .

ومما لاشكَّ فيه أن كل أسرة تحبُّ لأبنائها الإبداع والتفوُّق والتميُّز لتفخر بهم وبإبداعاتهم، ولكنَّ المحبةَ شيءٌ والإرادة شيءٌ آخر .

فالإرادةُ تحتاج إلى معرفة كاشفةٍ، وبصيرة نافذةٍ، وقدرة واعية، لتربيةِ الإبداع والتميُّز، وتعزيز المواهب وترشيدها في حدود الإمكانات المتاحة، وعدم التقاعس بحجَّة الظروف الاجتماعية والحالة الاقتصادية المالية .. ونحو هذا، فـرُبَّ كلمـة طيبـةٍ صادقـة، وابتسامة عذبةٍ رقيقة، تصنع (الأعاجيب) في أحاسيس الطفل ومشاعره ،وتكون سبباً في تفوُّقه وإبداعه .

وهذه الحقيقة يدعمها الواقع ودراساتُ المتخصِّصين، التي تُجمع على أن معظم العباقرة والمخترعين والقادة الموهوبين نشؤوا وترعرعوا في بيئاتٍ فقيرة وإمكانات متواضعة .

ونلفت نظر السادة المربين إلى مجموعة (نِقاط) يحسن التنبُّه لها كمقترحات عملية :

١ - **ضبط اللسان :** ولا سيَّما في ساعات الغضب والانزعاج، فالأب والمربي قدوة للطفل، فيحسنُ أن يقوده إلى التأسِّي بأحسن خُلُقٍ وأكرم هَدْيٍ . فإن أحسنَ المربي وتفهَّم وعزَّز سما، وتبعه الطفل بالسُّمُو، وإن أساء وأهمل وشتم دنيَ، وخسر طفلَه وضيَّعه .

٢ - **الضَّبط السلوكي :** وقوع الخطأ لا يعني أنَّ الخاطئ أحمقٌ أو مغفَّل، فـ " كلُّ ابنِ آدمَ خطَّاء "، ولابد أن يقع الطفل في أخطاءٍ عديدة، لذلك علينا أن نتوجَّه إلى نقد الفعل الخاطئ والسلوك الشاذ، لا نقدِ الطفل وتحطيم شخصيته . فلو تصرَّف الطفلُ تصرُّفاً سيِّئاً نقول له : هذا الفعل سيِّئ، وأنت

طفل مهذَّب جيِّد لا يحسُنُ بكَ هذا السُّلوك . ولا يجوز أبداً أن نقول له :أنت طفل سيِّئٌ، غبيٌّ، أحمق ... إلخ .

٣ - **تنظيم المواهب :** قد يبدو في الطفل علاماتُ تميُّز مختلِفة، وكثيرٌ من المواهب والسِّمات، فيجدُر بالمربِّي التركيز على الأهم والأَوْلى وما يميل إليه الطفل أكثر، لتفعيله وتنشيطه، من غير تقييده برغبة المربي الخاصة .

٤ - **اللقب الإيجابي :** حاول أن تدعم طفلك بلقب يُناسب هوايته وتميُّزه، ليبقى هذا اللقب علامةً للطفل، ووسيلةَ تذكيرٍ له ولمربِّيه على خصوصيته التي يجب أن يتعهَّدها دائماً بالتزكية والتطوير، مثل : (عبقرينو) - (نبيه) - (دكتور) - (النجار الماهر) - (مُصلح) - (فهيم) .

٥ - **التأهيل العلمي :** لابد من دعم الموهبة بالمعرفة، وذلك بالإفادة من أصحاب الخبرات والمهن، وبالمطالعة الجادة الواعية، والتحصيل العلمي المدرسي والجامعي، وعن طريق الدورات التخصصية .

٦ - **امتهان الهواية :** أمر حسن أن يمتهن الطفل مهنة توافق هوايته وميوله في فترات العطل والإجازات، فإن ذلك أدعى للتفوق فيها والإبداع، مع صقل الموهبة والارتقاء بها من خلال الممارسة العملية .

٧ - **قصص الموهوبين :** من وسائل التعزيز والتحفيز: ذكر قصص السابقين من الموهوبين والمتفوقين، والأسباب التي أوصلتهم إلى العَلياء والقِمَم، وتحبيب شخصياتهم إلى الطفل ليتَّخذهم مثلاً وقدوة، وذلك باقتناء الكتب، أو أشرطة التسجيل السمعية والمرئية وCD ونحوها .

مع الانتباه إلى مسألة مهمة، وهي: جعلُ هؤلاء القدوة بوابةً نحو مزيد من التقدم والإبداع وإضافة الجديد، وعدم الاكتفاء بالوقوف عند ما حقّقوه ووصلوا إليه .

٨ - **المعارض :** ومن وسائل التعزيز والتشجيع : الاحتفاءُ بالطفل المبدع وبنتاجه، وذلك بعرض ما يبدعه في مكانٍ واضحٍ أو بتخصيص مكتبة خاصة لأعماله وإنتاجه، وكذا بإقامة معرض لإبداعاته يُدعى إليه الأقرباء والأصدقاء في منزل الطفل، أو في منزل الأسرة الكبيرة، أو في قاعة المدرسة .

٩ - **التواصل مع المدرسة :** يحسُنُ بالمربي التواصل مع مدرسة طفله المبدع المتميِّز، إدارةً ومدرسين، وتنبيههم على خصائص طفله المبدع، ليجري التعاون بين المنزل والمدرسة في رعاية مواهبه والسمو بها.

١٠ - **المكتبة وخزانة الألعاب :** الحرص على اقتناء الكتب المفيدة والقصص النافعة ذات الطابع الابتكاري والتحريضي، المرفق بدفاتر للتلوين وجداول للعمل، وكذلك مجموعات اللواصق ونحوها، مع الحرص على الألعاب ذات الطابع الذهني أو الفكري، فضلاً عن المكتبة الإلكترونية التي تحوي هذا وذاك، من غير أن ننسى أهمية المكتبة السمعية والمرئية، التي باتت أكثر تشويقاً وأرسخ فائدة من غيرها .

وبعدُ ؛ فهذا جدول بسيط مقتبس من كتاب " هوايتي المفيدة "، ما هو إلا علاماتٌ تذكّر المربِّين بأهم الهوايات التي يجدُرُ بهم البحثُ عنها في ميولِ أبنائهم وتحبيبُها إليهم، وحثُّهم على تعزيزها وتعهُّدها بالتزكية والرِّعاية، وتوجيهها الوجهةَ الصحيحة المَرْضِيَّة .

هـوايـات فـكريـة - ذهنيـة

القراءة والمطالعة (مرئية - سمعية - حاسوبية - إنترنيت)

فهم أمهات العلوم الدينية والدنيوية فضلاً عن حفظ القرآن الكريم وسلسلة الأحاديث الصحيحة ما أمكن .

التدرب على الكتابة والتأليف والجمع لشتى أنواع الفنون والآداب   (قصة – شعر – مقال ...)

التدرب على استخدام الحاسوب واستثماره بالبرمجة واستخدام البرامج وترشيدها .

تعلم اللغات الأجنبية المختلفة وتعرف اللهجات المختلفة (العلمية والمحلية)

الصحافة ورصد الأحداث ومراسلة المجلات والصحف .

المراسلة وتبادل الخواطر والأفكار (كتابية وإلكترونية)

جمع الطوابع والانتساب إلى النوادي المهتمة بذلك .

جمع العملات القديمة والأجنبية .

جمع الصور المفيدة وقصها من المجلات والصحف القديمة وتصنيفها (سيارات – حيوانات ....إلخ)

التدرب على الخطابة والإلقاء المؤثر .

هوايات حســية – حـركية

✓ الرياضة البدنية بأنواعها فضلاً عن الرياضات التأملية والذهنية .

✓ زيارة المتاحف بأنواعها (متحف العلوم – الخط – الحربي – الوطني ...)

✓ زيارة الآثار والمواقع الهامة داخل البلدة وخارجها فضلاً عن زيارة الأحياء القديمة .

✓ الرحلات الترفيهية والاستكشافية (جبلية – بحرية – سُهلية ...)

- ✓ المعسكرات الكشفية .
- ✓ مراقبة النجوم واستكشاف الفضاء .
- ✓ تربية الحيوانات الأليفة المنزلية - والريفية (طيور - سمك زينة - دواجن...)
- ✓ الزراعة وتعهد النباتات بالسقي والرعاية .
- ✓ التجارب الكيماوية والفيزيائية وكذلك الكهربائية والإلكترونية .
- ✓ جمع الحشرات والأصداف وتصنيفها في مصنَّفات خاصة بعلوم الأحياء.
- ✓ التمريض ومساعدة الناس والانتماء للجمعيات الخيرية أو مراكز الهلال الأحمر .

هوايات فنيَّــة - مِهَنيــَّة

- ✓ تعلم فنون الخط العربي والزخرفة .
- ✓ تعلم الرسم والتلوين بأنواعه .
- ✓ التصوير الضوئي والتلفازي .
- ✓ الخياطة وتصميم الأزياء وفنون الحياكة النِّسْوية .
- ✓ الإنشاد .. والتلحين بالضرب على الدف المَزْهر .
- ✓ صناعة الأزهار (بلاستيك - قُماش - سيراميك)
- ✓ صناعة الدُّمى والألعاب المختلفة .
- ✓ صناعة الحَلْوَيات والضيافات وابتكار أكلات جديدة .
- ✓ النِّجارة وصناعة الأثاث نماذج مصغَّرة أو حقيقية .

كيف نتعرف على الأطفال المبدعين؟

يعد الأطفال الذين يمتلكون مستوىً عالياً من الذكاء والاتجاهات والمواهب الخاصة متفوقين.

فقد يعرّف الطفل الموهوب أو المتفوق بأنه الطفل الذي يظهر باستمرار أداءً متميزاً في أي نشاط أو مجال مفيد.

يؤكد علماء النفس والمربون كثيراً أو قليلاً على الطفل المتفوق أكثر من الطفل العادي أو الطفل ضعيف العقل.

وهذا صحيح في البلدان الغربية وبخاصة في الولايات المتحدة الأميركية، حيث أحرزت التربية تقدماً كبيراً في تمييز حاجات الأطفال المتفوقين والمحرومين وصعوباتهم.

فمن الواضح أن الأطفال المعوقين وضعاف العقول يجذبون انتباهاً أعظم من المربين وغيرهم بسبب العيوب التي يعانون منها نتيجة عدم قدرتهم على مجاراة الأطفال العاديين. وفي الصف لا يخفق الأطفال المتفوقون في جذب انتباه المدرسين، لأنهم يستطيعون أن يتجاوزوا الطفل العادي في الصف أو يسبقوه.

ولذلك فإن الحاجة للاهتمام الخاص بالنسبة لهم لا يتم الشعور بها أو إدراكها بدقة. ومن جهة أخرى فإن الأطفال المعوقين دائماً يتطلبون انتباهاً خاصاً من المعلم.

في علم النفس لا توجد خطوط صلبة أو حدود حاسمة أو سريعة لفصل مجموعات عن أخرى، لأن الخصائص النفسية موزعة على مستقيم كبير ولذلك من الصعب جداً أن يحدد العدد المناسب للمتفوقين.

ولكن على كل حال إن علماء النفس قد حددوا مجموعات المتفوقين جداً والمتفوقين في مجال حاصل الذكاء، علماً أن التصنيف الذي يتم اتباعه واعتماده في هذا المجال غير متفق عليه تماماً أو بشكل كامل كما هي الحال بالنسبة للحدود العليا والدنيا.

لقد ذكر التاريخ أن الاهتمام بتوجيه الأطفال المتفوقين وتربيتهم قد وجد في الفترتين اليونانية والرومانية القديمة. ولكن التحسن في هذا المجال لم يكن جاداً حتى النصف الثاني من القرن التاسع عشر. فبعد نشر غالتون لكتاب العبقرية بالوراثة عام ١٨٦٩ ولومبروزو للإنسان العبقري عام ١٨٩١ جاءت دراسات الأطفال المتفوقين إلى المقدمة في الاهتمام.

فسابقاً كان يظن أن العبقرية والجنون مرتبطان بشكل وثيق معاً.

وفي عام ١٩٠٥ أحدث (بينه) تطوراً خارقاً جداً بخلق اختبارات الذكاء وفي عام ١٩٢٥ قدم (ترمان) دراسته الطولانية الشهيرة للعباقرة.

وبعدئذ أصبح التركيز على المتفوقين أكثر بروزاً حيث نجد أنه بعد عام ١٩٥٠ حدث تحديد للاهتمام في هذا المجال وبخاصة بعد خطاب غيلفورد في أميركا ومطالبته بالكشف عن المتفوقين والمبدعين وتربيتهم.

ولكن مَن هو المتفوق؟

إن المتفوقين هم أولئك الأطفال الذين تضعهم قدراتهم العقلية في المستوى الأعلى لتوزع السكان. فالمتفوقون دراسياً يمتلكون حاصل ذكاء قدره ١٣٠ فما فوق وهم يمتلكون قدرة معرفية عالية وإبداعاً في التفكير والإنتاج وموهبة عالية في مجالات خاصة. بحيث يمكن أن يكونوا في المستقبل حلالين للمشكلات ومبدعين للمعرفة ومقومين للثقافة إذا تم تزويدهم بالخبرات التربوية المناسبة.

خصائص المتفوقين:

ليس هناك شك في أن الطفل المتفوق عقلياً يظهر موهبة من خلال أدائه المتميز في أي نشاط يستحق اهتمامه. ويتم تحديد هؤلاء الأطفال في المدرسة من قبل معلميهم الذين يكونون قادرين على ذلك بملاحظة أدائهم ومراقبته.

هناك عدد من الأفكار الخاطئة بين الناس فيما يتعلق بخصائص الأطفال الموهوبين والمتفوقين جداً.

فمن الكاريكاتير و(الفولكلور) يحصل الناس على فكرة تقول إنهم صغار جسمياً في شكلهم وضعاف في نموهم. كما أنهم يمتلكون فكرة قوية بأن الناس المتفوقين عقلياً حركيون وغير مستقرين وأحاديو الاتجاه ومرفوضون اجتماعياً، إلا أن معظمهم يبدون بأنهم راشدون عاديون فيما يتعلق بالذكاء والتحصيل.

على كل حال ما من واحدة من الأفكار المذكورة أعلاه صحيحة، فلعقدين من الزمن تم مسح مجموعات من الأطفال ودراستهم بشكل شامل وكامل، وقد تم اكتشاف الصفات التالية في هذه الأبحاث:

١ – الصفات الجسمية:

تكشف الدراسات المختلفة للأطفال المتفوقين أنهم يمتلكون نمواً جسمياً فوق المتوسط فهؤلاء الأطفال أكثر طولاً، وأثقل وزناً، وأفضل بناءً ونمواً من غيرهم من الأطفال. أما صحتهم العامة فتكون فوق المتوسط وتستمر كذلك حتى الرشد.

وأما نسبة وفيات الأطفال والجنون فقد وجد أنها منخفضة عند هؤلاء الأطفال المتفوقين، وأنهم يمتلكون أيضاً تناسقاً وضبطاً جيدين للعضلات.

ففي دراسة أخذ خلالها مقاييس ٥٩٤ طفلاً والتي كان حاصل ذكائها بين (١٣٠ و١٨٩) بدا أولئك الأطفال متفوقين على المجموعة التي تمت مقارنتهم بها. وفي عام ١٩٢٥ حصل (ترمان) على التفصيلات التالية عن الأطفال المتفوقين:

- يمتلك الأطفال المتفوقون وزناً أكبر من غيرهم عند الولادة.
- إنهم ينظفون بشكل مبكر أكثر من غيرهم يتعلمون ضبط الإخراج والإطراح .
- إنهم حذرون.
- إنهم أفضل من المتوسط من الناحية الغذائية.
- إنهم أطول وأثقل وأقوى في قبضة أيديهم وأكتافهم، ومتفوقون في قدراتهم الحركية وأقل إصابة بعيوب السمع، والتنفس الفمي وأقل إصابة بالتأتأة...

٢ - نمو الصفات العقلية:

تكشف الدراسات العلمية أن الأطفال المتفوقين يحققون نمواً أفضل من بقية الأطفال في جميع المجالات. فتعلمهم للكلام والمشي والقراءة يكون مبكراً بشكل متميز، وإنهم موهوبون بعدد من الخصائص في شخصيتهم وذكائهم.

فلقد بينت دراسات الحالة للأطفال المتفوقين عقلياً أنهم يمتلكون معايير ومعدلات تحصيل أرفع من الأطفال العاديين، وأن استجاباتهم تكون أسرع، وأن تقدمهم يكون أوضح من الأطفال العاديين أيضاً، وأن نشاطاتهم في الصفوف واسعة ومتنوعة وأن اهتماماتهم أكثر تنوعاً أيضاً من بقية الأطفال.

إن الأطفال المتفوقين عقلياً يكونون أكثر اهتماماً بالموضوعات المجردة كالأدب والحوار... الخ وأقل اهتماماً بالموضوعات الإجرائية مثل التدريب اليدوي. كما وجد أنهم ليسوا اجتماعيين إلى حد ما.

وتكشف الأبحاث أن معظم الأطفال المتفوقين يقعون في الربيع الأدنى في المساحة الاجتماعية للاهتمام باللعب إذا تمت مقارنتهم بالأطفال العاديين.

ثبت أيضاً أن الأطفال المتفوقين يصنفون فوق المتوسط في اختبارات النضج الاجتماعي والطباع. وقد وجد أن معظم الأطفال المتفوقين مدركين لمواهبهم والاستفادة منها. كما أن عملياتهم العقلية غنية جداً، فهم يكوّنون أفكاراً إبداعية بسهولة، وهم قادرون على اكتشاف الفجوات والثغور في المشكلات وعلى ملئها بالعناصر المفقودة بشكل ذكي.

٣ - الخصائص الشخصية للأطفال المتفوقين:

تبين البحوث أن هناك علاقات إيجابية وحميمة بين التفوق والشخصية. فبدون شك يعد الأطفال الموهوبون مرغوبين ومعروفين وطموحين ومحبوبين ومجدين أكثر من غيرهم، وعادة ما يمتلكون رغبة قوية في الاكتشاف والابتكار، وهم قادرون على مقاومة الإحباط بشكل أفضل من أي شخص آخر.

وجد بعض علماء النفس أن الأطفال المتفوقين إندفاعيون ومعتدون بأنفسهم ومهتمون جداً بالتعابير الجمالية والتفكير الانعكاسي، ويمتلكون درجة كبيرة من الدافعية.

وعادة إنهم حساسون، وغنيون بالأفكار المساعدة، ومرنون ومتحمسون. وتخبرنا الدراسات العديدة لهم بأن ذلك التفوق والسلوك الإبداعي لديهم يُنظر له على أنه استمرارية أو بديل للعب في الطفولة.

فالأفكار الإبداعية مشتقة من دقة التخيل والأفكار المرتبطة بأحلام اليقظة والألعاب التي تهمل بحرية في مرحلة الطفولة، إذ إن الأطفال المتفوقين يقبلون الأفكار الناشئة والجديدة والمشرقة بحرية في حين يكظمها الناس العاديون.

٤ - الخلفية الأسرية والخصائص الاجتماعية:

عموماً ينحدر الأطفال الأذكياء من آباء ينتمون للطبقة المهنية والمتعلمة، كما أنهم ينتمون للمجموعة المهنية العليا (كبار الموظفين) وأن بيئتهم البيتية تزودهم بالأجواء المتميزة والمناخ المشجع. وهم مطيعون واجتماعيون. وتكشف الدراسات أن هؤلاء الأطفال شعبيون جداً ويبحث رفاقهم ومَن هم أكبر منهم سناً عنهم. وبالإضافة لجميع الصفات السابقة فإن لديهم إحساساً جيداً بالدعابة أو حساً انتقادياً ساخراً. ويعتقد بعض المجربين والذين أجروا دراسات تجريبية أن هؤلاء الأطفال خجلون ومحبون للانفراد والوحدة، حيث يحجبون أنفسهم عن الجماعة أو منها وقليل منهم يهتمون بالجنس الآخر.

إضافةً لما ذكر أعلاه إن هؤلاء الأطفال أكثر نضجاً ممن هم في مثل سنهم من الناحية الاجتماعية والانفعالية، وإنهم يفضلون بشكل دائم الألعاب التي تتطلب محاكمة عقلية وإطلاقاً للأحكام. ويلعب هؤلاء الأطفال ألعاباً يفضلها غيرهم من الأطفال الأكبر سناً منهم، مع أنهم شعبيون ومتمركزون حول أنفسهم.

٥ - التعلم والتربية:

يتعلم هؤلاء الأطفال الكلام والمشيء بشكل أكبر من أقرانهم وتكون مفرداتهم اللغوية جيدة جداً، وهم يمتلكون مفردات غزيرة وواسعة يستعملونها لتسريع النمو اللغوي.

كما أنهم يمتلكون ذاكرة قوية واحتفاظية. وهم متفوقون في تحصيلهم، في الموضوعات المدرسية، وإن عدم الثبات والاستقرار نادراً ما تتم ملاحظته في تحصيلهم لأنهم يعملون بجدية وقوة وبشكل يتمركزون كلياً على العمل.

إن حوالي ٥٠% من الأطفال المتفوقين يتعلمون القراءة قبل دخول المدرسة، وبعد دخول المدرسة يطورون اهتماماً ذكياً بالموضوعات المدرسية المجردة ويقيمون عادة على أنهم فوق مستوى صفوفهم العادية.

تحديد المتفوقين:

يستطيع الآباء والمعلمون وعلماء النفس والأخصائيون الاجتماعيون المساعدة في تحديد الأطفال المتفوقين في مرحلة مبكرة جداً. بالطبع إن هذه العملية هي المشكلة التي جذبت اهتمام علماء النفس في كل أنحاء العالم، فقد عدوها صعبة جداً وبخاصة تقدير التفوق بمساعدة أداة أو اختبار واحد.

إن الأطفال الذين يقعون ضمن النسبة المئوية العليا في حاصل الذكاء هم أطفال متفوقون، ولكن فيما بعد أكد على أن اختبارات الذكاء العام تمثل نوعاً ما شكلاً محدوداً من المهمات العقلية، فمثل هذه الاختبارات هي الأفضل للنوع الاستدعائي أو التحديدي من المشكلات، ولذلك استنتج أن المدى الكامل للتفوق عند الأطفال لا يمكن قياسه بواسطة اختبارات الذكاء فقط.

وقد أثبت إضافةً لذلك أن الأطفال الذين حصلوا على درجات عليا في اختبارات الذكاء ليسوا بالضرورة مبدعين بدرجة عالية أيضاً.

لو انتقلنا إلى وجهة نظر أخرى حول التفوق لوجدنا أنه كونكَ ذكياً جداً لا يعني أنك متفوق في العمل المبدع.

وهذه يمكن اعتبارها فرضية إذ يلاحظ عموماً في الجامعات أن أولئك الطلاب الذين يمتلكون ذكاءً عالياً يتم الحكم عليهم - بواسطة المعايير المتوفرة - على أنهم ليسوا بالضرورة هم المنتجين فقط للأفكار الأصيلة.

وجميعنا قد يعرف بضع أشخاص مبدعين ممن يمتلكون ذكاءً عالياً ولكن هذا الدمج بين الذكاء والإبداع ليس قاعدة عامة.

بشكل عام تستعمل اختبارات الذكاء والإبداع لتحديد التفوق لدى الأطفال، فالاختبارات الإبداعية تتضمن القدرة على التعامل مع أنظمة الرموز العددية واللفظية.

وبجانب هذه الاختبارات صممت اختبارات التحصيل المدرسية لدراسة التفوق، ولكن أحد سلبيات وعيوب هذه الاختبارات هو أنها غير شاملة أو صحيحة بشكل كاف لتقدير الإبداعية.

لقد بذلت جهود كبيرة لدراسة التفوق من قبل علماء النفس. فقد حدد المقاييس التالية للإبداع والتفوق:

١- اختبار ترابط الكلمات: يعرض هذا الاختبار كلمات على المفحوص ولكل كلمة عدة معان، ويسأل المفحوص أو يطلب منه أن يكتب أكبر عدد من المعاني التي يعرفها لكل منها.

٢- استعمال الأشياء: يطالب المفحوص بكتابته أكبر عدد من الاستعمالات المختلفة أو غير العادية لكل شيء بأقصى ما يستطيع من السرعة.

٣- الأشكال المخفية: يجب على المفحوص أن يحدد الأشكال المفقودة التي يظهر فيها الشكل المطلوب.

٤- تكملة القصص: وهنا يزود المفحوصون بنفس القصص التي يكون السطر الأخير فيها فارغاً ويطلب منهم مليء الفراغات ليعطوا نهايات مناسبة للقصة.

٥- وضع مشكلات: يعطى المفحوص تعليمات لتكوين أكبر عدد يستطيع تكوينه من المشكلات خلال فترة زمنية محددة.

طور العالمان (كوف وديهادن) وسيلة لاكتشاف قوة القدرات الخاصة أو طبيعتها، واعتبرت أعمالهم صالحة لتحديد التفوق. وقد قدم هذان العالمان معايير مختلفة لتحديد القدرات والمواهب الخاصة عند الأطفال المتفوقين وتقع معاييرهم ضمن ثلاث مجالات:

١ – القدرة العقلية.

٢ – المهارات الميكانيكية.

٣ – المهارات الجسمية.

وقد عددوا الإجراءات التالية لتحديد المتفوق:

أ – الدقة في المفردات واستعمالها.

ب – الأهلية اللغوية.

ج – الملاحظة السريعة والذكية والاحتفاظ بالمعلومات عن الأشياء.

د – الاهتمام المبكر بالتقاويم وبقراءة الوقت وبالساعات.

هـ – النوعية الجيدة في التركيز.

و – التكوين المبكر للقدرة على القراءة.

لكي نستنتج مما سبق نستطيع القول أن هناك أساليباً متعددة لتحديد الأطفال المتفوقين، ويتضمن الإجراء المنظم لهذا التحديد النقاط التالية:

١ – في الخطوة الأولى يمكن أن يكون اختبار ذكاء جماعي مساعداً كافياً لكشف المتفوقين.

أ- بجانب اختبار الذكاء الجماعي يمكن استعمال اختبار تحصيل معير لتحديد التفوق عند الأطفال.

ب - إن العلاقات الصفية وسجلات وصحائف التحصيل المختلفة للطلاب في المدرسة يمكن أن تقدم بعض المؤشرات عن التفوق.

ج - يمكن للمعلم أن يقدم مؤشرات وأدلة عن التفوق بواسطة الملاحظة، ولكن بعض المجربين يشككون بأهلية المعلمين وكفاءتهم في هذا المجال.

يجب إجراء الملاحظة الذكية الواعية والدقيقة فيما يتعلق بتحديد المتفوقين ويجب ألا يستعمل اختبار واحد فقط في هذا المجال.

ناقش العلماء حدود التقنيات المستعملة عموماً في تحديد الأطفال المتفوقين وقال:

١ - إن اختبارات الذكاء مكلفة جداً ومستهلكة للوقت.

٢ - إن اختبارات الذكاء جيدة للكشف عن المتفوقين، ولكن عيباً واحداً فيها هو أن الطلاب الذين تكون لديهم مشكلات انفعالية وواقعية نادراً ما يتم تحديدهم كمتفوقين، وكذلك الطلاب الذين لديهم صعوبات لغوية.

٣ - تخفق بطاريات اختبارات التحصيل في تحديد الأطفال المتفوقين منخفضي الإنجاز.

٤ - إن الأطفال الذين تكون لديهم مواقف عدائية تجاه المدرسة نادراً ما يتم تحديدهم كمتفوقين بواسطة الملاحظة. وكذلك الأطفال الذين تكون لديهم مشكلات تكيفية واقعية وانفعالية، إذ إنهم يقعون ضمن هذه الفئة.

بشكل عام، يتوفر العديد من الاختبارات الآن لتمييز الأطفال المتفوقين في أبكر وقت ممكن. ولذلك فإن اختبارات الذكاء الموضوعية مطلوبة لتحديد الأطفال اللامعين وهذه الاختبارات موجودة قيد الاستعمال لتمييز المتفوقين إلى درجة معقولة من عدم الثقة أو الثبات.

تعليم المتفوقين:

تذكر الأدبيات أن الأفراد الموهوبين بشكل خاص قد تم تدريبهم فردياً في السابق سواءً على أيدي آبائهم أو معلميهم، إلا أن فكرة تنظيم الصفوف الخاصة أو المدارس الخاصة للمتفوقين حديثة النشوء نسبياً.

ففي عام (١٨٦٢) تمت الإشارة إلى أقدم تمييز للمتفوقين في الولايات المتحدة وذلك في صيغة خطط الترقية في مدينة سانكميس فقد اقترحت هذه الخطة وجوب إعطاء الترقيات خلال كل ستة أشهر في البداية، ومن ثم خلال فترات زمنية مكونة من ثلاثة أشهر.

وفيما بعد إعطاء ترقيات بعد كل خمسة أشهر وقد افترض أن الترقية المتكررة سوف توفر الفرصة للمتفوقين كي يحصلوا على اعتراف بموهبتهم، ولذلك أجريت التجارب في نيوجرسي عام ١٨٨٦ على مجموعات مختلفة ضمن طبقة واحدة حيث صنف الأطفال في مجموعات مختلفة طبقاً لقدراتهم ومواهبهم، وسمح لكل مجموعة أن تتقدم بأسرع شكل تستطيع فعله.

وقد كشفت النتائج أن هذه الطريقة قد قدمت الفرصة لكل طالب كي يحقق أقصى ما لديه من قدرات ظاهرة وكامنة. وفي أوربا تم تصميم خطة كيمبردغ ١٨٩١ ونشرها في مجال المدارس والصفوف الممتدة من الصف الرابع حتى الصف التاسع.

إن الصفوف والمدارس الخاصة مقبولة عالمياً من قبل علماء النفس والمربين لتعليم الأطفال المتفوقين. ويسمي هذه الصفوف ((صفوف النخبة)) وقد كشفت البحوث أنها أعطت نتائج مرضية. ومع ذلك فإن الحالة ليست بهذه البساطة كما يظن أحياناً، فهناك خلاف مهم حول مرغوبية أو تفصيل التربية الخاصة للمتفوقين

وصلاحيتها، وهناك بعض الأفكار القيمة التي تثار حول كل من جانبي هذه المسألة.

إن بعض الأفكار المقدمة لصالح الصفوف الخاصة هي:

١ - إن العمل الذي يقوم به طفل عادي في الصف نوع من الإعاقة للطفل الموهوب. ففي هذا الصف يمنع أو يكبح من العمل، ولكن الأطفال المتفوقين في صف خاص يعطون الفرصة للعمل طبقاً لقدراتهم العالية. وفي الصف العادي، إن الطفل المتفوق لا يتقدم بمعدل أبطأ من قدرته، بل إنه لا يحصل أيضاً على الفائدة من التعليم المتفوق. والحقيقة الراسخة جداً هي أنه من خلال الاستثارة المتبادلة يتوفر لمجموعة الأطفال المتفوقين حرية التقدم والتطور بسرعة أكبر، وهذا لا يتحقق للطفل العادي.

٢ - إذا وضع طفل متفوق في صف عادي فإنه سيطور بعض العادات اللامبالية، فالمهام المعطاة له سهلة جداً كي يحلها وأحياناً يرفض التفكير فيها أو حلها، وغالباً ما يصبح مثل هؤلاء الأطفال غير متكيفين ومعادين للمجتمع. ولكن صفاً خاصاً يقدم الفرص للأطفال الموهوبين للعمل الذي يتحداهم وينمي قدراتهم الكامنة لأقصى درجة ممكنة.

٣ - عندما لا تتوفر الصفوف الخاصة يسمح غالباً للأطفال المتفوقين بفرصة الترقية المزدوجة، وبذلك فإنهم يرغمون على الاختلاط مع أطفال أكثر نضجاً وأكبر سناً، ولكن في الوقت الذي يتم فيه ذلك يجب الاحتفاظ بشيء واحد في الذهن، وهو أن الطفل المتفوق قد لا يكون متفوقاً بالضرورة وخاصة في الجوانب الاجتماعية وفي الجوانب الأخرى من النمو. إضافة إلى ذلك بعض مشكلات التكيف قد تكون موجودة أيضاً بالنسبة له، فالطفل قد يكون متفوقاً في الذكاء وخاصة فيما يتعلق بدراسته ولكن ذلك لا يعني

أنه عندما يوضع في مجموعة جديدة كلياً لن يعاني من مشكلة التكيف الاجتماعي. وعلى أي حال إنه يستطيع أن يتغلب على هذه الصعوبة إذا وضع في صف خاص حيث إنه سيجد المجال مفتوحاً أمامه للحصول على تقديرات النجاح بمعدل عادي وسيجد الفرصة للتقدم مع صفه.

٤ - في أحيان كثيرة يعاني الأطفال الموهوبون من سوء التكيف الاجتماعي حيث إنهم يحصلون على كثير من الوقت في الصف العادي لأن المهام المعطاة لهم أخف وأسهل مما يستطيعون فعله، وإنهم يستطيعون حل هذه المهام بسرعة أكبر من الوقت المتوقع، وهذا ما يوفر لهم وقتاً كثيراً ريثما ينهي الأطفال العاديون عملهم، وفي هذه الأثناء ينحرف عقلهم الحذر للبحث عن أمور أخرى. وقد كشفت أدلة البحث أن العديد من الجانحين قد برهنوا على أنهم أطفال من ذوي القدرة المتفوقة لكنهم تركوا المدرسة لتحاشي الملل والرتابة الناشئة من المناهج العادية.

٥ - لقد كشفت الأعمال التجريبية في هذا المجال أن الصفوف الخاصة تقدم الفرص أيضاً لتنمية القيادة في مجالات عديدة. وفي المجموعة قد يوجد أطفال متفوقون بشكل خاص في الرسم أو الشعر أو الرياضيات أو الأدب أو الفروع الأخرى من المعرفة، وإن البرامج الأكثر تطوراً والأفضل تخطيطاً تصبح مناسبة لموهبتهم، وبالتالي ينشأ القادة المستقبليون في هذه المجالات المحددة فيما بعد.

٦ - إن الأطفال المتفوقين مصاغون من مادة فاخرة أكثر من عامة الأطفال، فهؤلاء الأطفال أكثر حساسية وحذراً وسرعة في تفكيرهم، وإذا لم تقدم لهم الاستشارة المناسبة فإنهم سوف يخلقون مشكلات في الصف، وعندما

يوضعون معاً مع مجموعة عادية من الأطفال فإنهم يصبحون مشكلة للمعلم، حيث أن معالجة أو معاملة كلا النوعين من الأطفال تصبح صعبة جداً.

هذه هي النقاط الإيجابية لصالح التربية الخاصة والمعطاة للصفوف الخاصة للأطفال المتفوقين، وهكذا فإنهم قد يحصلون على فرصة حقيقية لتنمية مواهبهم وإمكاناتهم الكامنة، ولكن مجموعة من علماء النفس والمربين يرفضون بقوة عزل هؤلاء الأطفال من المدارس العادية ولديهم مبرراتهم أيضاً. وإننا سنأخذ هذه المبررات كانتقادات لحركة التربية الخاصة وهي:

١ - إن أهم الانتقادات الممكنة لحركة التربية الخاصة هو أنها غير ديمقراطية إطلاقاً، فتكافؤ الفرص للتعليم يجب أن يتاح للفرد وللجميع على حد سواء ونحن ندعم هذه الفكرة بقوة.

٢ - في أحيان كثيرة يشير علماء النفس إلى أنه إذا أبعد الأطفال المتفوقون من الصفوف النظامية فإنهم يميلون إلى تكوين أوهام وأخيلة بالإضافة إلى أنهم سيصبحون مدركين لقدرتهم المتفوقة ويخفقون في تكوين الاعتدال أو التواضع كسمة شخصية.

٣ - تسهم الصفوف الخاصة في نشوء نوع من الأرستقراطية العقلية، فعزل الأطفال المتفوقين لتشكيل مجموعات خاصة يسهم في تشكيل أفكار التفوق والتعالي.

٤ - عندما يفصل الأطفال المتفوقون فإن الطفل العادي يميل للخسارة، حيث إنه عندما يعمل مع المتفوقين يحصل على الفرصة لتعلم أشياء كثيرة ويصبح مدفوعاً بشكل كبير للعمل، ولذلك فإن سحب المتفوقين من الصف يحرم الطفل العادي من الاستشارة الفنية.

٥ - يشعر بعض المربين أن مثل هذه البرامج الخاصة تحرم المجتمع من القيادة المتفوقة، ففي العمل مع الأطفال العاديين يجد المتفوقون الفرصة للتصرف كقادة يحصلون على التدريب في القيادة، وبالتالي يزود المجتمع بالقادة المستقبليين.

٦ - إن أكبر وأهم انتقاد وجه ضد التربية الخاصة هو الكلفة العالية لمثل هذه البرامج، علماً أن هذه الفكرة ذات أهمية خاصة. فبعض النقاد يجادلون أنه عندما لا تتوفر الأموال الكافية لتعليم الطفل العادي فإن مثل هذه البرامج المكلفة للأطفال المتفوقين تكون غير ديمقراطية إلى حد ما.

توجيه الأطفال المتفوقين ودور الآباء والمعلمين:

يشير علماء النفس إلى أن الآباء يلعبون أيضاً دوراً هاماً مساوياً لدور المعلمين في النمو الملائم للأطفال المتفوقين. فمن المهم للآباء أن يوفروا البيئة الصحيحة للأطفال المتفوقين وبالتالي فإنهم يجدون المجال لاستخدام ذكائهم استخداماً جيداً. ففي بعض الأحيان يتم تجاهل حاجاتهم الأساسية لكن الآباء يجب أن يلاحظوا ذلك وألا يهملوه. كما أن الأطفال يجب أن يشعروا بأنهم مرغوبون من قبل أبويهم وأن آباءهم يستمتعون برفقتهم.

مرة أخرى يحتاج الأطفال المتفوقون للتمييز والتقدير. فالثناء المخلص عليهم من قبل الآباء والمعلمين والأصدقاء يجعلهم يشعرون بأنهم محبوبون، وإذا حرموا من التقدير فإنهم يلجأون إلى أحلام اليقظة. والأطفال المتفوقون يجب أن يشعروا أنهم محميون من الحاجة أو العوز، ويجب أن يشجعهم الآباء لاكتساب خبرات جديدة، ويجب أن يفكر كل أب أن الطفل يجب أن يفتش عن الفهم والتعاطف من أبويه في بحثه لمزيد من التعلم الإضافي.

كما ينبغي أن يثقف الآباء أنفسهم حول حقائق عديدة بشكل صحيح، لأنهم بذلك يستطيعون الإجابة على أسئلة الطفل بشكل صحيح وواثق. وعندما ينمو الطفل ويصبح أكبر سناً يجب تشجيعه للقراءة والبحث عن الأجوبة عن أسئلته بنفسه.

بشكل عام يتعلم الأطفال من خلال الملاحظة، فالأطفال المتفوقون ملاحظون نبيهون، حيث إنهم يتعلمون عادة من الأمثلة التي يضربها آباؤهم، كما أن هؤلاء يتعلمون السلوك الجيد وعادات الكلام الصحيحة، والمرافقة والعشرة الطيبة، والأناقة، والشرف، على وجه التحديد في مراحل مبكرة.

إن العامل الممكن الآخر هو الدافعية، فدافع الطفل المتفوق يجب إرضاؤه. وبالنسبة للمتفوقين يعد الشغف أو دافع الاستطلاع ضرورة ملحة أو دافعاً ملحاً، فالطفل المتفوق يكون متشوقاً دائماً ليعرف لماذا وكيف ومتى وأين.. الخ؟، وإن الأجوبة على أسئلة الطفل سوف لا تزوده فقط بالمعرفة، بل ترضي حبه للاستطلاع وشغفه أيضاً.

يبالغ العديد من الآباء في تقدير مواهب أطفالهم، وإنهم يصرون عادة على تحقيق الطفل لأشياء تقع فوق مقدرته الفعلية. ومرة أخرى يختار بعض الآباء مهنة أو اختصاصاً لأطفالهم دون استشارة مرشد مهني. وبما أن إقحام الطفل في مهنة محددة يعد أمراً غير مرغوب جداً، فإن علماء النفس ينصحون أنه ما من اختيار لمهنة ما يجب أن يتم لطفل لامع قبل أن ينهي المرحلة الثانوية.

وإذا كانت لدى الآباء أي مشكلات في التعامل مع الأطفال المتفوقين فإنهم يجب أن يستشيروا علماء نفس الطفل أو المرشدين التوجيهيين حالاً.

وعندما نصل إلى دور المعلم، فإن معلم الأطفال اللامعين يجب أن يكون شخصاً مرناً وديناميكياً، وإنه يجب أن يسمح للأطفال بأن يقوموا باكتشافات

جديدة. فالمعلم يجب أن يكون مصدراً للإلهام والتشجيع، وأن يجد الفرصة لهم كي يختبروا إمكاناتهم ويكتشفوا سبلاً أكثر.

فالأطفال اللامعون يحتاجون دائماً للتوجيه الملهم لهم، ولذلك يجب أن تعطى الأولوية للتعلم المنتج والعيش الفعال في توجيههم.

وتتطلب الإبداعية أيضاً الحساسية والاستقلال، حيث ينبغي أن يساعد كل من الآباء والمعلمين الأطفال المتفوقين لاكتشاف إمكاناتهم، ويجب أن يدعوهم أحراراً في جمع الأفكار وتجميعها ومقارنتها وتبادلها ويجب أن يحاول الآباء والمعلمون تقليص فجوة المسافة الانفعالية بين أنفسهم وبين الأطفال المتفوقين، ومن الممكن أن يتم ذلك بواسطة المشاركة والفهم.

بجانب كل هذه العوامل، من المتفق عليه عموماً أن تعليم التلاميذ المتفوقين يجب أن يؤكد على أهداف عقلية محددة أخرى بالإضافة إلى اكتساب المعلومات والمهارات الضرورية والمرغوبة، وتتضمن هذه الأهداف الأخرى:

١ - الإدراك التحليلي للأمور،

٢ - أساليب حل المشكلات،

٣ - استخدام التحليل في التعليم،

٤ - التركيب في التعامل مع الأمور،

٥ - التفكير المفاهيمي أو القائم على المفاهيم واللغة،

٦ - الموضوعية العلمية،

٧ - أساليب الدراسة المستقلة،

٨ - تشجيع الأصالة والجهود الإبداعية،

٩ - الاهتمامات وتشجيع الاهتمامات الخاصة.

الأطفال المبدعين وخصائصهم

١- الطفل المبدع حيوي ولديه اعتداد بالنفس كبير

٢- لا يفهم لما لا يراه الآخرين معقولا بأعماله

٣- يرتبك دائما إزاء الأشياء والأحداث التي هي واضحة للآخرين

٤- يتظاهر دائما باحتمال المضايقات والمنازعات

٥- يرغب بالمخاطرة ويضع لنفسه معايير عالية ويعمل ويختار الأمور والأهداف الصعبة

٦- واثق من نفسه ومحب للسيطرة

٧- يعرف انه مختلف عن الآخرين لكنه يعتقد بأن فهمه لا يتطرق إلى الشك

٨- يحب الجري كثيرا

٩- يرغب بالانعزال عن الناس ويفضل عدم عمل علاقات وثيقة مع الآخرين

١٠- مستقل وواثق من نفسه وواسع الحيلة

١١- قد يظهر انه وحيد ومعزول اجتماعيا ولكنه لا يشعر بذلك لأنه هو الذي اختار ذلك.

١٢- يفضل المواقف المعقدة والتصميمات غير المتناسقة

١٣- فضولي لا يشبع فضوله شيء

١٤- يفضل دائما أن تكون أحكامه حدسية أكثر من أن تكون مبنية على التحليل.

١٥- لا يحبط بسهولة

١٦- ينقد نفسه وقلما يرضى عن نفسه او عن عمله

١٧- قلما تثبط عزيمته

١٨- يطلق العنان لخياله وتصوراته

١٩- مرن سريع التكيف مع المواقف الجديدة

٢٠- يعمل غالبا بطرق تبدو فجة ويبدو كأنه متسرع

٢١- قد تبدو عليه بعض علامات سوء التكيف النفسي

٢٢- ربما تعلم أن يقرأ ببطء غير متوقع وذلك بسبب اهتماماته العقلية الاخرى المتنوعة والمتعددة

دلائل عناية الإسلام بالمبدعين

يتميز نهج التربية الإسلامية بالشمولية والعالمية وهناك دلائل كثيرة لعناية التربية الإسلامية بالموهوبين:

١- الإشادة بأصحاب القدرات العالية والتنويه بمزاياهم فقد استفاضت الأخبار والحوادث في التربية الإسلامية بالموهوبين (نبي موسى عليه السلام من بالقوة والأمانة – غلام الاخدود نموذج فريد للموهبة ....الخ

٢- الولايات والمهمات العظيمة توكل لذوي القدرات العالية فقد دلت النصوص الواردة في القرآن الكريم والسنة النبوية على أ الولايات والمهمات العظيمة توكل لذوي القدرات العالية مثل اختيار موسى لأخيه هارون ليكون وزيره .

٣- تجلية مواطن التفوق وإبرازها للموهوبين :فلقد عملت التربية الإسلامية على حث المؤمنين إلى المسابقة في الخيرات والمسابقة للجنة فطفق الصحابة يسألون عن أفضل الأعمال وأكثرها أجرا وتجلت مواطن التفوق وتجسدت في كثير من مواطن الحياة مثل التفوق العلمي والعسكري

٤- ترتيب الأجر لمن يسهم في الكشف عن الموهوبين

٥- الإشارة إلى الطاقات والقدرات العالية

٦- اختيار اللـه عز وجل خير الناس لصحبة نبيه صلى اللـه عليه وسلم.

وكل ذلك دلائل عناية التربية الإسلامية بالموهوبين

الطفل وقدرته على الإبداع

يرى الكثير من المختصين في التربية وعلم النفس إن الأطفال يولدون ولديهم القدرة على الإبداع وبعد ذلك يترك الدور للكبار لدعم آو إخماد هذه القدرة، وانه من الخطأ تقسيم الأفراد إلى فئتين مبدعين وغير مبدعين لأن الاختلاف بين الأفراد كمي وليس نوعياً، فالجميع مبدعون والتفاوت بينهم كمي.

وتحدد سمات المناخ الأسري التي تساعد على تنمية القدرات الإبداعية لدى الطفل فيما قبل المدرسة بنقاط يمكن إيجازها كالأتي:

١- لا ينبغي أن يدخل الطفل في قالب معين يريده الوالدان، انه كائن حي يعيش آلاف التجارب ويمر بظروف ومواقف مختلفة، ومحاولة إكراهه على انتهاج طريق معين دون إقناع سيسبب له الفشل والإحباط وللوالدين الإرهاق العصبي، وأفضل ما يستطيع الوالدان عمله هنا هو إشعار الطفل بالأمن والاطمئنان وترك الحرية له للاختيار.

٢- تخلص المناخ الأسري من الأساليب غير السوية في تنشئة الطفل مثل القسوة واستخدام أساليب الضغط والتهديد والتوبيخ والسخرية والعقاب البدني في معاملة الطفل ومطالبته بمطالب وسلوكيات يعجز عن تحقيقها وهذا يؤدي إلى ضعف ثقته بنفسه وميله إلى الانطواء والخضوع للسلطة أو التمرد عليها

والخوف منها، وان التدليل والحماية الزائدة للطفل من قبل احد الوالدين أو كليهما يؤدي إلى جعل الطفل إتكالياً وأنانيا مفرط الحساسية، ضعيف الثقة بالنفس، غير قادر على تكوين علاقة اجتماعية سوية، وهذا يجعل منه طفلا معاقا نفسياً، إضافة إلى أن التفرقة بين الأبناء في المعاملة وتذبذب سلوك الآباء تجاه الطفل وعدم ثبات هذا السلوك واستقراره كلها مجتمعة تخمد قدرات الطفل الإبداعية.

٣- إن تعويد الطفل على التفكير الإبداعي يمكن أن يتم من خلال لعب الطفل وخاصة الأدوات التي تحتاج إلى الفك والتركيب وانجاز المهارات والقدرات الفنية في الرسم والمهارات الحركية المتنوعة، فكل هذا يعمل على تنمية القدرات الإبداعية لدى الطفل.

٤- ينبغي على الوالدين احترام محاولات الطفل التي تصدر منه لمعرفة ما يدور حوله، واحترام أسئلته وتشجيعه على الاستفسار، واستغلال حبه للاستطلاع وميله للاستفسار وتوجيه الأسئلة بان يجعلا هذه الأسئلة أداة تحفزه على التفكير وللاستفسار مع مراعاة عدم اللجوء في جميع الأحوال إلى تقديم الإجابات أو الحلول بصورة مباشرة، وهذا تحد هادف لقدرات الطفل العقلية لتنمية هذه القدرات ومنها القدرات الإبداعية.

٥- تحلي الآباء بالصفات والقدرات الإبداعية، إذ يشجع هذا أطفالهم على أن يقلدوا ويتوحدوا مع آبائهم في هذه القدرات، فالآباء الذين يهمهم تنمية قدرات الإبداع عند أطفالهم غالبا ما ينسون انه يمكنهم أن يكونوا نماذج في هذا المضمار، فالقدرات الإبداعية يمكن نقلها عن طريق القدوة الحسنة.

تصنف المستويات المعرفية إلى ستة مستويات عقلية ويشبهها بهرم يسمى هرم المستويات المعرفية حيث وضع فيه ستة مستويات هي التذكر والاستيعاب والتطبيق والتحليل والتركيب والتقويم حيث نرى أننا نعمل فقط في مناهجنا الدراسية على تنمية المستويات العقلية الدنيا المتمثلة بالتذكر والاستيعاب ولا نرتقي بالمتعلم إلى مستويات عقلية عليا كالتحليل والتركيب والتقويم حيث نرى أننا نعمل فقط في الجوانب الأكاديمية ضيقة النطاق وهذا يؤدي إلى إعاقة التعبير عن المواهب الإبداعية لان المطلوب من الطالب هو حفظ وترديد ما هو موجود في المقررات الدراسية فقط، ولو تتبعنا السيرة الذاتية لبعض المبدعين لوجدنا أن الكثير منهم قد فشل في المدرسة أو طرد منها أو لم ينتظم فيها أو أنهى تعليمه مبكرا أو وصفه معلموه بالفشل أو الإهمال، فها هو العالم الفيزيائي الشهير وواضع النظرية النسبية "البرت انشتاين" فقد ابلغ مدير المدرسة الثانوية والده بأن البرت"لن ينجح أبداً في أي شيء"، وقد طرد من المدرسة مع تحذيره بان وجوده في الصف"مشتت لأنتباه زملائه".

أما الفنان والشاعر الانجليزي"ف. سكوت فتزجرالد " الذي فشل في دراسته ولم يتجاوز تقديره فيها مستوى"مقبول " أبداً. فقد وجد نفسه يوجه خطابا إلى مدير مدرسته يقول فيه"لقد اكتشفت أنني أنفقت سنوات طويلة من عمري أحاول أن أتواءم مع منهج اعد أولا وقبل كل شيء للطالب العادي أو المتوسط ".

يرى بعض التربويين أن الفرد المبدع ينبغي أن يكون متفوقا في تحصيله الدراسي ولكن الكثير من الدراسات المعاصرة بدأت تكشف عن وجود تعارض بين الإبداع والتفوق الدراسي، ففي دراسة أجراها فريمن"freeman "عام١٩٩١ على ١٦٩ طالبا في بريطانيا وقد استغرقت الدراسة مدة ١٤ عاما تم خلالها تتبع هؤلاء الاطفال من خلال المقابلات والبحث المعمق في مراحلهم الدراسية جميعها وفي

بيوتهم وعوائلهم وقد بينت الدراسة كيف تغير عدد كبير من الأطفال من حالة العقل المتفتح وحب الاستطلاع إلى حالة الانغلاق العقلي والحزن وعدم الاكتراث بما يجري في العالم رغم حصولهم على علامات ممتازة في الامتحانات المدرسية.

وفي المستوى الاجتماعي كشفت الدراسة أن المتفوقين دراسياً يجدون صعوبات في التكيف الاجتماعي وفي تكوين الأصدقاء، بينما نجد فئة المبدعين كانت أكثر أصدقاء وأكثر قدرة على التكيف العاطفي وفي اختبارات الذكاء حصلت الفئتان على درجات عالية ومتساوية تقريباً.

وبالجملة فقد كشفت الدراسة عن الأثر السيء الذي يتركه التفوق الدراسي على الإبداع،حيث أن الضغط النفسي على بعض الموهوبين بضرورة التفوق الدراسي أدى إلى كبت مشاعرهم وأحاسيسهم الإبداعية وأعاق إنتاجهم الإبداعي وان هذا الضغط كان يأتيهم من جهة المدرسة ومن جهة البيت في آن واحد، لقد كان للتفوق الأكاديمي المميز غالبا ثمن باهظ من الإبداع.

وكشفت الدراسة أن اسر المتفوقين دراسيا تفضل التفوق الدراسي وبخاصة في مجال العلوم وتظهر إعجابها بالمتفوقين أكاديمياً، أما سر المبدعين فقد كانت تفضل الأشياء الجمالية والفنية وكان أفراد الأسرة يصغون لبعضهم البعض في النقاشات العائلية .

يورد المنظر العربي د.إبراهيم احمد مسلم الحارثي عددا من صفات المربي الذي يشجع الإبداع وينميه بما يلي:

١- يرى ان التعلم يحصل نتيجة لارتكاب الأخطاء

٢- يتحدى الأطفال ليجربوا أفكارهم.

٣- يصغي بانتباه

٤- يؤكد على ضرورة الاستقلالية

٥- يعطي الوقت الكافي للأطفال ليعبروا عن أفكارهم.

٦- يحترم الأفكار الإبداعية ويشجعها .

٧- يستخدم الأسئلة ذات النهايات المفتوحة.

أما المربي الذي يعوق الإبداع فأنه:

١- يقاطع الأطفال

٢- يحدد الوقت

٣- يرفض الأفكار الجديدة.

٤- يسخر من سلوك الأطفال

٥- ناقد أي ينتقد سلوك الأطفال باستمرار.

٦- متشائم

٧- يستخدم سلطاته

٨- غير مكترث أي لا يعطي انتباهه للطفل.

هناك نوعان من العقول التي تتعامل مع الأطفال النوع الأول هو العقل المتلقي وهو النوع السائد الذي يسأل الأطفال أسئلة ذات إجابة محددة "نعم أو لا "فإذا اخطأ الطفل أعطي الجواب مباشرة ولم تتح له فرصة تحسن قدراته التفكيرية والتخيلية، أما النوع الثاني فهو العقل المتفتح وهو نادر ولا يعمل به إلا العلماء والمتفتحون عقليا .. فإذا سأل الطفل سؤالاً .. فانه لا يسأل أسئلة ذات نهايات مغلقة أو إجابات محددة وإنما يعطي الطفل بدائل متعددة ويفتح أمام عقله خيارات كثيرة تجعله يفكر ملياً قبل إصدار الحكم على مشاهداته.

إن البيئة الغنية بالمثيرات المتنوعة تشجع الأطفال على الابتكار وتتمثل تلك المثيرات بتوفير عدد مناسب من اللعب المتنوعة ومشاهدة قصص الأطفال وزيارة المتاحف والمعارض والحدائق العامة وحدائق الحيوان وغيرها.

إبداع الطفل بين خجله وغيرته

إنه يخاف .. ويخجل .. ويشعر بالغيرة ..

ما معنى كل ذلك .. ؟

معناه ببساطة أنه يشعر بالقلق ..

وهكذا يظهر القلق في تصرفات الطفل على هيئة خوف من أشياء مألوفة .. أو خجل عند التحدث مع الآخرين .. أو الإحساس بالغيرة من أي طفل آخر ..

كيف يحدث ذلك؟

ثم .. كيف يمكن أن نعالج هذه الأعراض؟

ـ الخوف .. وعلاجه:

الواقع أن الخوف شيء طبيعي في حياة الطفل .. ولكن يصبح هذا الخوف غير طبيعي عندما تزداد حدته..

والواقع أن الطفل الذي لا يخاف إطلاقاً هو الطفل الذي يعاني من نقص واضح في قواه العقلية.

أما الطفل الذكي .. القادر على التخيل فإن مخاوفه تكون .. أكثر.

وفي العام الأول من عمر الطفل يعبر المولود عن الخوف بالصراخ .. ويكون ذلك عند سماع صوت مرتفع مفاجئ. أو عندما يشعر بصدمة الوقوع.

وفي سن الستة أشهر يصرخ الطفل الصغير عندما يلتقي بوجه غريب .. غير مألوف.

أما في الفترة بين العامين والثلاثة من عمر الطفل فإن مخاوف الأطفال تتركز في الكلاب .. والسيارات .. وأي جهاز تصدر عنه ضجة.

كذلك يخاف إذا بقي وحيداً .. أو إذا تركته أمه مع آخرين لم يتعود على رؤيتهم .. أو إذا احتجزته أمه داخل مكان مغلق.

والغيرة في حد ذاتها تعتبر خوفاً من فقدان حب وعطف الوالدين .. أو الإحساس بأن هناك إنساناً آخر أهم من الطفل عند الوالدين.

كل هذه المخاوف تعتبر طبيعية .. وكل الأطفال العاديين لهم أكثر من صورة خوف من هذه الصور.

وفي الفترة من عامين إلى ثلاثة من عمر الطفل نجد أنه قد يستيقظ في الليل بعد حلم مزعج.

والواقع أن الخوف في حياة الطفل الصغير يكون بسبب نقص في الخبرة .. والفهم لطبيعة الأشياء.

ويكون الكبار هم غالباً السبب في زرع هذا الخوف في نفوس صغارهم.

فالأم التي تقول لطفلها: لا تخف من الظلام .. تزرع في قلبه الخوف بالفعل من الظلام ..

وعندما تهدد الأم طفلها فإنها تقول:

سأذهب بك إلى الطبيب ليحقنك ..

بعد ذلك .. هل يكون من الغريب أن يخاف الطفل زيارة أي طبيب؟.

وعلى هذا .. لا يجب أن تعبر الأم عن خوفها من أي شيء أمام طفلها .. وإلا اكتسب الطفل نفس هذا الخوف تماماً مثل والدته.

وعلى هذا لا يجب تهديد الطفل بإرساله إلى المدرسة إذا تصرف بغير هدوء في البيت .. لأن معنى ذلك إنه سيخاف الذهاب إلى المدرسة.

ولا يجب مثلاً أن تهدد طفلها بأن هناك من سيضربه إذا خرج إلى الشارع وحده ... لأنه هنا سيخاف الخروج.

كذلك .. هناك القصص الخرافية التي تحكي عن الجن والعفاريت .. إن مجرد رؤية ظل متحرك أمام الطفل سيدفع إلى رأسه بصورة العفريت الذي سمع قصته وعرف أنه يخطف الأطفال ...

على هذا ... فإن علاج الخوف عند الأطفال يكون بإحاطة الطفل بالحب والثقة والاطمئنان.

وبالتالي لا يجب الكذب على الطفل بأي حال مـن الأحـوال .. فـإذا كـان الطفـل في طريقـه إلى الطبيب أو المستشفى فيجب على الأم أن تشرح له بالصدق أنهم في طـريقهم إلى الطبيب .. ويجب أن يعرف الطفل مقدماً ماذا سيحدث في عيادة الطبيب .. وبذلك لا يشعر الطفل بأي خوف.

وهكذا يجب أن يفهم الطفل جيداً .. ما دام قادراً على الاستماع والفهم.

وإذا تملك الخوف تصرفات الطفل .. فإن العلاج لا يكون سهلاً .. فلا يجب أن يـسخر أحـد مـن مخاوفه .. أو نردد أمامه إنه جبان .. فإن كل ذلك لا يساعد على تخليصه من الخوف.

فأول خطوات علاج الخوف هي الاعتراف بوجود مخاوف في حياة الطفل والنظر باهتمام إلى أحاسيس الطفل تجاه هذه المخاوف.

ومن الخطأ أن ندفع الطفل إلى مواجهة الشيء الذي يخافه بحجة التعود على هذا الشيء.

فإن الذي يحدث هنا هو مزيد من الخوف ..

والمفروض إبعاد هذه الأشياء التي تخيف الطفل.. واعطائه الإحساس بالاطمئنان وعدم وجود هذا الخطر الذي يخاف منه.

ومن الغباء أن نقول له دائماً: لا تخف من هذا ..

فإذا كان الطفل يخاف من الظلام .. فيجب حاطته بالضوء ... ومع ازدياد نموه فإنه سيعرف بالتجربة أن الظلام لا يحمل الخطر أو الخوف.

ويمكن أن تساعد الأم طفلها بالدخول أمامه وحدها في الغرفة المظلمة ..

وفي مثل هذه الحالة يجب أن تلفت نظره إلى أن هذا التصرف طبيعي..

وبعد أن تؤكد له هذا الموقف تصحبه لفترة قصيرة داخل حجرة مظلمة ..

وتكرر ذلك .. إلى أن يتأكد الطفل بنفسه من أن الظلام لا يحمل الخطر.

فإذا كان الطفل يخاف من الكلاب مثلاً .. فليس من الحكمة أن ندفعه إلى تدليل كلب فإن ذلك سيزيد مخاوفه ..

ولكن نبدأ بإبعاد الكلاب عنه .. ثم ندعوه ليرى عن بعد طفل آخر يداعب كلب .. ثم نعطيه لعبة صغيرة على هيئة كلب .. وهكذا يكتسب الثقة وعدم الخوف خطوة بعد خطوة ...

ـ الخجل ... مشكلة:

في بعض الأحيان تمر على الأطفال فترات من الخجل ..

وفي هذه الفترات تأتي وتذهب بلا سبب واضح.

والخجل عند الأطفال يأخذ أكثر من صورة:

ففي سن الستة أشهر نجد أن الطفل يهرب من مداعبة الغرباء ...

وعند سن العام .. يهرب الطفل ليختفي وراء أمه عندما يتحدث إليه غريب.

أو قد يغطي عينيه بيديه ...

ثم يكبر الطفل ... وهنا نجد أنه يصمت عن الكلام .. ولا يرد إذا أحس بالخجل.

وتختلف شدة الخجل من طفل إلى آخر .. وهنا يجب أن نذكر حقيقة هامة:

قد يرث الطفل الخجل عن والديه ... أو أحدهما.

ولكن .. قد يكتسب الطفل هذا الخجل إذا عزله الأهل عن الآخرين سواء كانوا أطفالاً مثله أو كباراً ..

وفي نفس الوقت قد يظل خجولاً بالرغم من اختلاطه الشديد بالناس..

ومن هنا تظهر ضرورة وجود علاقات دائمة مع أطفال آخرين .. وتشجيع الطفل على مشاركتهم اللعب .. والحركة، والأكل.

إنه شيء أساسي ألا نعزل الطفل عن العالم.

وفي نفس الوقت لا يجب أن نحيط الطفل بالتعليقات المختلفة في وجود الغرباء .. فالمفروض أن يشعر الطفل بالاطمئنان تجاه هؤلاء الزوار قبل أن يبدأ في الاقتراب منهم.

ومن الخطأ أن نعالج الخجل بالصراخ في وجه الطفل .. أو بعبارة: هل أنت أخرس .. تكلم؟.

فإن هذا الأسلوب لا يفيد؟ كما لا يجب التحدث عن خجل الطفل أمامه.

ومع إحاطة الطفل بالحب والثقة والاطمئنان ... يمكن أن يختفي هذا الخجل من حياته.

ـ الغيرة .. لها علاج:

في كثير من الحالات تكتفي الأم بإظهار تعجبها مـن هـذه الغيرة التي تـسيطر علـى تـصرفات طفلها دون أن تفكر لحظة واحدة في سبب هذه الغيرة.

وفي أغلب الأحوال تلعب الأم نفسها دوراً أساسياً في زرع الغيرة في نفوس أطفالها ..

فالأم تصرخ عندما تجد أن الطفل الأكبر يضرب المولود على رأسه...

وفي نفس الوقت فإنها لا تلحظ إنها ظلت تداعب هذا الصغير فترة طويلة دون أن تعير الأكبر .. أي اهتمام.

فالغيرة تنشأ عندما يحس الطفل أن هناك مَن يـسرق التفـات الوالـدين واهـتمامهم .. وهكذا يتصرف دفاعاً عن كيانه .. ويكتفي الأهل بالصراخ ويقولون: إنها الغيرة.

وما يسميه الأهل بالغيرة ينعكس داخلياً في الطفل ويظهر في صورة تبول ليلي...

فالفراش يبتل كل ليلة وتصرخ الأم دون أن تعـرف أن تـصرفاتها مـع المولـود الجديد وراء كـل هذه المتاعب.

على هذا يمكن أن نقيس كل تصرفات الأم ...

فهي تقبل من المولود الجديد كل تصرفاته بينما تحتج على أي خطأ يرتكبه الأخ الأكبر ..

وعندما يعود الأب من عمله .. فإنه يذهب مباشرة ليداعب المولود الصغير.

قد ينسى في هذه الحالة أن يقبل الأخ الأكبر كالمعتاد.

وهكذا .. ليس غريباً أن يخلق الأهل عند الطفل الإحساس بعدم الاطمئنان... وعدم الثقـة ...

ثم يصرخون في وجهه عندما يتصرف ويقولون: إنها الغيرة.

ويكبر المولود ... وتتكرر أخطاء الأهل في صورة أخرى ...

إنهم يسمحون للأصغر بأشياء .. ويرفضون للأكبر نفس هذه الأشياء..

وإذا أخطأ الأصغر .. فاللوم على الأكبر لأنه لم يحذره .. أو لأنه يقلده ..

وهكذا يكون نفس الفعل حرام على الكبير .. وحلال على الصغير..

وتشتعل الغيرة أكثر إذا تعود الأهل على المقارنة بين الأخوة أثناء وجودهما...

وعندما يذهب الأكبر إلى المدرسة .. يشعر الأصغر بالغيرة .. فهو أيضاً يريد أن يخرج كل صباح.

وتعتمد غيرة الأخ الأكبر على عمره عند وصول الأخر الأصغر ..

فكلما كان هذا الطفل صغيراً في السن كلما زادت غيرته من هذا القادم الجديد ..

نمو الطفل في سؤاله

السؤال

أعاني من فضول ابني(٨سنوات) الزائد، فهو ومـن فـترة قريبـة يلعـب بكـل مـا هـو موجـود في البيت، فأصرخ عليه بلهجة شديدة، فيكـون رده بكـل بـساطة أنـه لـن يحبنـي غـدًا، وأعـايره بأختـه الصغرى بأنها لا تعبث بشيء.

الحل

الشكوى من فضول الطفل، واعتبار دلالة هذا الفضول هو لعبـه بكـل شيء موجـود في البيـت، وما واجهتِ به هذا الفضول هو أما الصراخ في وجهه أو معايرته بأخته الصغرى التي لا تعبث بـشيء، ونحن لم نفهم معنى أن يلعب بكل شيء في البيت، ولماذا اعتبرتـه سـلوكًا فـضوليًا، ولم تعتبريـه سـلوكًا لجذب الانتباه؟

ولماذا لم يلفت انتباهك استخدامه للحب كرد فعل لصراخك عليه؟

ولماذا المقارنة بينه وبين أخته التي ربما تزيد من سوء سلوكه إن كان سيئًا، سواء غيظًا من هذه المقارنة، أو رغبة في تأكيد مكانته كطفل سيئ في الأسرة.

في كل الأحوال وحتى تصلنا تفاصيل مشكلة الطفل، فإن كان تقييمـك للعـب ابنـك بكـل شيء على أنه فضول، فهو شيء طبيعي في هذه السن، وهو يحتاج إلى التوظيف الجيـد مـن أجـل تعليمـه، وإكسابه مهارات ومعلومات جديدة، وتوجيه سلوكه لكيفية الاستفسار والسؤال عما يريـد أن يعرفـه بطريقة منظمة يحصل منها على ما يريد به، دون فوضى أو لعب عشوائي وإعطائه الإحساس بأهميـة أسئلته وفضوله، وذلك من خلال الرد الصحيح الحقيقي على مـا يـدور في رأسـه، بـدون اسـتخفاف أو استهتار، عندها سيحصل الطفل على ما يريد من معلومات تروي ظمأ فـضوله، وعـلى مـا يريـد مـن اهتمام يبعده عن رغبته في السلوك السيئ

للحصول على ما يريد؛ ولذلك فإن الصراخ عليه بلهجة شديدة أو معايرته بأخته سيحوِّل هذا الفضول إلى طاقة تدمير وفوضى بدلاً من الاستفادة منه؛ لأنه سيشعر الطفل بعدم أهميته سواء نتيجة عدم الحصول على إجابة أو اهتمام لما يثيره، أو نتيجة معايرته بأخته.

وهو الأمر الذي قد يشعره بالغيرة من أخته، ويجعله يسلك سلوكًا عدوانيًّا ضدها ليس لها هي ذنب فيه، وإنما هو ذنبنا نحن الكبار الذي نزرع به بذرة الكراهية بين الأخوين متصورين أننا نقوِّم السلوك، في حين أننا نزيده سوءاً ونكسبه ما هو أسوأ منه..

إن دلالة استخدام ابنك للحب كرد فعل لتوبيخك له أن رسالة سلبية تصل إليه من عدم الاهتمام - وربما عدم الحب - فيرد عليها بعدم الحب هو أيضًا، ويزداد عناده وتمسكه بسلوكياته السلبية ويزداد شعوره بالإحباط بهذه الأم التي لا تحبه، ولا تهتم به، ولا تفهمه، ولا تجيب على ما يشغل ذهنه..

علِّميه حين يسأل.. درِّبيه كيف يسأل، ولا تعرضي ولا تعايري لتحصلي على طفل ذكي، فالفضول إحدى علامات الذكاء في الأطفال.

حتى لا يخبو ذكاء أطفالنا

السؤال

ابنتي (٥سنوات) ومنذ الأشهر الأولى بدأت عليها علامات الفضول، وكثرة الحركة، وتقليد الكبار، وهي الآن في الخامسة والنصف من عمرها، وطبعًا بقيت بنفس الصفات، بل ازدادت عشرات المرات، لدرجة أنها أصبحت متعبة جدًّا.

فهي لا تستهوي فضولها ألعاب الأطفال، بل تريد أن تفعل ما أفعله أو يفعله والدها، وعندما ننهاها عن ذلك لا تستجب، وقد حاولنا أن نتركها تفعل كل ما تريد لكي تروي رغباتها، ولكن ذلك غير ممكن أحيانًا؛ لأن قد يكون فيه ضرر عليها مثل الطبخ أو اللعب بالكهرباء (فهي دائمًا تحاول أن تربط الفيديو مع التلفاز، وتلعب بالمسجِّل أو الكومبيوتر، ولم يبقَ جهاز كهربائي في البيت لم تعمل له صيانة كاملة)، ولا أستطيع أن أغفل لحظة عنها، إلا وأجد المطبخ انقلب رأسًا على عقب، وهذه أمثلة بسيطة لأعمالها.

وعندما أحدثها بحديث الصديقة القريبة من عمرها تعترف بأخطائها، ولكن لو أتيحت لها نفس الفرصة مرة أخرى لعادت لها ولو بعد لحظات، والحالة الثانية بها هي أنها لا تطيعني إلا بعد جهد جهيد أو تهديد، وقد استعملنا معها كل المغريات العينية والمعنوية وأحيانًا نلجأ للضرب، فأنا لا أريد أن أكبتها وأنشئها معقَّدة، وفي نفس الوقت ليست لديّ القدرة على احتمال تصرفاتها مع ما نعانيه من متاعب الحياة، علمًا أن لها أختًا أصغر منها بعامين، ولكنها أهدأ، ولو أنها أحيانًا تقلِّدها.

الحل

هذه الطفلة الرائعة لديها كل صفات، واستعدادات الطفل النابغ المبدع، ومن خلال السؤال وجدت أن طفلتك لا تلجأ إلى تقليد الكبار، إلا لأنها لا تجد البديل الذي يشبع رغبتها وفضولها في التعرف على هذا العالم من حولها، وكل ما عليك هو تنمية قدراتها وتوجيه طاقاتها، وإليك بعض الاقتراحات التي يمكن أن تعينك في هذه المهمة:

- لا بد وأن تمارس ابنتك رياضة ما كالسباحة، أو التنس، أو ركوب الخيل، فعليك - بمساعدة المدرِّب - اكتشاف قدرة ابنتك الرياضية، وأيها تفضل .
- كما يمكنك أن تمارسي معها بعض الأنشطة داخل المنزل في وقت معلوم ومحدَّد كل يوم، كالقيام ببعض التجارب العلمية البسيطة، ومثل هذه التجارب موجودة بكتب للعلوم المبسطة، وهي منتشرة بكل مكتبات الأطفال، ويمكنك قبل بداية التجربة أن تثيري لديها الفضول في المعرفة، ويأتي سؤالك بطريقة تلقائية أو عن طريق لغز بسيط، كأن تسأليها مثلاً عن الشيء الذي لا نراه ولا نستطيع الاستغناء عنه ولولاه نموت، وتقومين بتسهيل اللغز رويدًا رويدًا بذكر أكثر من صفة له، حتى تتوصل ابنتك للحل.

ثم تسألينها هل تريد أن تعرف كيف تتم عملية التنفس، وحينئذ تنهضين بحماس وتحضرين معها بعض أدوات التجربة (تجربة البالونات)، وهي كما ذكرت موجودة بكتب العلوم المبسطة، المهم في كل هذا أن تثيري فضولها العلمي بسؤال تطرحينه بطريقة تلقائية، ويمكنك من خلال الحياة اليومية أن تثيري مئات الأسئلة، وعمل تجارب للإجابة عنها، والتي تزفُّ نتائجها إلى والدها عندما يعود من عمله، بل والأفضل أن يشترك في مثل هذه التجارب في إجازاته مثلاً، وكذلك

الأخت الأصغر، كما يمكن أن تتعرف على بعض أجهزة الجسم من الموسوعات العلمية، ومـن بعض المواقع العلمية على الإنترنت.

- ساعدي طفلتك في زراعة بعض النباتات وملاحظتها ومراقبتها يوميًا، مـع كتابتك أنـت لملاحظات يومية على لوح كبير أو سبورة (خاصة بالأطفال) عن نمـو هـذا النبـات، مـع مـشاهدة ابنتك لمـا تكتبين، بل مساهمتها في إملائك هذه الملاحظات.

- مساعدتها في عمل بعض الحلي الخاص بها، من الخرز مثلاً.

- لا بد وأن تشترك معك في ترتيب المنزل، وأن تسندي إليها بعض الأعمال التـي تتناسـب مـع سـنِّها وقدرتها البدنية (طي الملابس – غسل بعض الأطبـاق تحـت إشرافك – صـنع بعض الحلـوى كالكعك والعجائن – عمل السلطة – ...)، فلا تتخيلي مدى متعة الأطفال بمثل هـذه الأعـمال، وخاصة أن ابنتك ترغب في تقليد الكبار، فهي بهذا تشبع رغبتها في كونها "آنـسة" كبيرة تتـصرف كما تتصرف "ماما" في البيت

- يمكنك أن تعلميها فنّ تنسيق الزهور من خلال كتب لتعليم قواعد هـذا الفـن إذا لم يكن لـديك أنت فكرة عنه، ويمكنك أيضًا أن تعتمدي على ذوقك أو ذوق ابنتك الخاص دون اللجوء إلى هذه الكتب، كما يمكنك أن تعلميها كيف تحيك بعض الملابس لعرائسها.

- اصطحبيها للتسوق معك، مع إعطائها بعض النقـود لتـشتري بعـض المـستلزمات البـسيطة تحـت إشرافك.

- يمكنك – وبطريقة مبسطة – أن تجعليها تتحمل معك ميزانية البيت لمدة يوم واحد كـل فـترة، بحيث تعرف ما هي أولويات الشراء، وكيفية تدبير شؤون المنزل.

- قصِّي عليها بعض القصص التي تناسب سنَّها، مع تمثيل هذه القـصص وتوزيـع الأدوار بيـنكما، بـل يمكن أن يُدْعى الأهل لرؤيـة هـذه التمثيليـات إن اسـتطعتِ لـذلك سـبيلاً، بـل دعيهـا في بعـض الأحيان تقوم هي بقصٍّ قصص من خيالها ترويها لأختها الصغرى أو لكم جميعًا.
- الرسم والتلوين، وخاصة بألوان الماء، فهي ممتعة للأطفال والكبار أيضًا.

سيدتي كل هذه الأنشطة تجعلك تكتشفين ابنتك، وقدراتها، واسـتعداداتها المختلفـة، ومـن ثَـم يسهل توجيهها وتنمية هذه القدرات، كما أن كل هذه الأنشطة تعتبر عمليـة تمهيـد وتهيئـة لـدخول المدرسة، وهي في نفس الوقت تجعلها تستمتع بما تصنعه؛ لأنه يشبه مـا يقـوم بـه الكبـار، وهـو مـن ناحية أخرى يساهم بشكل فعَّال في طاعـة الأوامـر؛ لأن مـشاركتك إياهـا في ممارسـة هـذه الأنـشطة تجعلها حريصة على إرضائك وعدم مخالفتك - مع ملاحظة ضرورة مشاركة الأب والابنة الـصغرى في كل هذه الأنشطة.

وفي النهاية أحب أن أذكر لك هذه الواقعة:

يروي أحد أساتذة الجامعة بعد أن صـار جـداً أن أولاده لم يفـسدوا لـه شـيئا خاصـا بـه قـط،و عندما سئل عن السبب،أجاب أنه ما أحضر شيئاً وطلب منه أطفاله أن يروه إلا جلس معهم في حنان وهدوء ليشاهدوه ويتفحصوه ولا يتركهم ألا بعد أن يكونوا قد شبعوا منه،فلا يعودون إلى اللعـب بـه بعد أن يكون قد فقد ما يحققه من إثارة عندهم .

اللعب في الصغر ذكاء في الكبر

- **السؤال**

ما هي خصائص مرحلة الستة الشهور.. كيف يمكن أن أنمي ذكاء طفلي؟
ماذا عليَّ أن أفعل لتطوير قدراته؟

- **الحل**

قد يبدو السؤال بسيطًا، وقد ينطلق من أفواه كثير من الآباء والأمهات عن عدم إنكار له، لكن.. قليلٌ هم من الآباء من يسأل هذا السؤال بوعي وبنظرة ممتدة نحو المستقبل، ونحو عمق الأمانة المعلقة برقبة كل والد ووالدة نحو من سيحمل مسؤولية جيل من ورائه، ومسؤولية تطوير أمة ينتمي إليها في حاضره ومستقبله؛ ولهذا "فقد بذل علماء النفس والتربية قدرًا كبيرًا من الاهتمام لدراسة التفكير الابتكاري والمبتكرين خلال السنوات الأخيرة، باعتبار أن هذا النوع من التفكير يمثل حاجة من الحاجات المهمة والمُلِحَّة لدى المجتمعات، من أجل تنمية وازدهار واستغلال ثرواتها، وطاقات أبنائها، وقدراتهم الكامنة في شتى المجالات" كما يقول الدكتور علي الراشد في مقدمة كتابه "تنمية قدرات الابتكار لدى الأطفال".

إن هذا يتطلب أمرين:

الأول: التأكد من سلامة حواس طفلنا، والحفاظ على هذه السلامة، وعلى سلامة بنيته النفسية دون إفراط أو تفريط.

والثاني: معرفة خصائص المرحلة العمرية التي يمر بها طفلنا، وخصائص نموه على كافة المستويات ومراعاتها.

من المعروف أن وزن الـدماغ في الطفـل الرضـيع يتـضاعف، وخـلال الـسنة الأولى مـن العمـر، ويعود السبب إلى تكاثر خلايا الدماغ من جهة، وإلى نمو نقاط الاتصال بـين الخلايا ومختلـف أجـزاء الدماغ. ولنقاط الاتصال هذه أهمية بالغة؛ إذ بدونها لا نستطيع التفكير والتعلم.

فعندما يبدأ الطفل الصغير اهتمامًا بشيء ما يبدأ ببذل مجهود فكري يحرِّض نقاط الاتصال في الدماغ إلى تشكيل شبكة معقدة.

يحدث هذا منذ ميلاد الطفل، واستيقاظ حواسه، وتنبهه للأصوات، والصور، واللمس، والشعور، والتذوق، ولتنمية الإدراك العام يستلزم تضافر عدة أشياء، لنأخذ مثالاً:

يجب أن يتضافر كل مـن حاسـة البـصر والـسمع والـذاكرة في سبيل مواصـلة النمـو الفكـري. ويعتمد الذكاء على هذه الحواس، وعلى حركة الجسم ليكون الطفل على دراية بمـا يجـري حولـه، فبدون حاسة البصر لا يستطيع الطفل أن يرى اللعبـة، وبـدون الـذاكرة لا يفـرح بلقـاء تلـك اللعبـة، وبدون التنسيق بين الدماغ والعضلات لا يستطيع السعي وراء اللعبة، بالإضافة إلى أنه بدون التنسيق بين اليد والعين أيضًا لا يستطيع الإمساك باللعبة، وبدون الإمساك واللعب باللعبة لا يستطيع تشكيل فكرة عن ماهية هذه اللعبة..

كل هذه المهارات يبدأ الطفل في اكتسابها منذ بلوغه الأسبوع السادس - كما يذكر علماء نفس النمو - ، ومع ازدياد درجة انتباهه للأشياء من حوله وقدرته علـى تحريـك رأسـه نحـو مـصدر الصوت تزداد قدرته على التعلم، وكلما تعرض الطفل لمزيد من المؤثرات ساعد هذا عقله علـى النمـو والتطور، وتعلم بشكل أسرع، واستطاع أن يوفِّق بين الأشياء مستقبلاً، لكن لا يعني هذا أن نعرض

الطفل لمؤثرات زائدة بشكل مبالغ أو مقحم، فالطفل في هذه السن لا يزال يحتاج إلى أوقات من الراحة والهدوء رغم ازدياد فترة يقظته، المطلوب الاعتدال فلا مؤثرات زائدة تشعره بالغضب وعدم الارتياح، ولا نتركه بلا إثارة كافية فيشعر بالملل.

وبشكل عام فإن أي فرصة للملاعبة والمداعبة والتقرب من طفلك باللمس، والمناغاة والتحدث تبقى فرصة جيدة ومدخلاً تلقائيًا لمساعدته على النمو النفسي، والعقلي، والحركي المتوازن، وبالتالي فإن:

أهم ما يجب أن تفعليه لطفلك أن تتحدثي إليه باستمرار بلسانك، وبنظرات عيونك، ولمحات وجهك بكلمات حقيقية وأحيانًا هزلية؛ فكلما اعتاد طفلك على استماع الأصوات الموجهة إليه زادت مقدرته على التكلم في وقت مبكر.

ومن المألوف أن يكون طفلك في هذه السن قادرًا على الجلوس، تلك المهارة التي يكتسبها الطفل عادة في الشهر السادس، وتمثل إحدى المهارات المهمة في حياته، فهو قد أصبح قادرًا على رؤية الأشخاص من حوله وهم يتحركون، كما يمكنه من التعرف على جسده.. شكل ساقيه وقدميه وأصابعه، وسوف تجدينه يحاول دائمًا جذب قدميه نحو فمه محاولاً فحصها الذي لا يزال خلال شهوره الأولى وسيلته الوحيدة لفحص الأشياء.

من هنا نستطيع فهم أن الطفل في هذه السن يستطيع القيام بكثير من الحركات المتوافقة بكفاءة كبيرة والتي يمكن تنميتها عبر مجموعة من الألعاب المرفقة، مثل:

الرؤية والسمع: فهو يلتفت لمصدر الصوت، ويهتم بالبحث عنه، ويبدي انفعالاً لدى سماعه قدوم شخص إليه، خاصة والديه، ويبدأ برفع يديه ليحمل، وبالتالي : عليك إجابة كل محاولة منه لجذب انتباهك ، أجيبه عندما يريك أنه بحاجة

إليك.. اذهبي إليه ومُدِّي يدك نحوه حاملة إياه منادية إياه باسمه ليعلم أنك في طريقك إليه.

الرؤية والإمساك: بمعنى أنه يستطيع التركيز بنظره على الأشياء جيدًا، ويستطيع تحديد أماكنها بالرؤية، وتجدينه يحاول الوصول إليها والإمساك بها، ودفعها إلى الأرض؛ ولهذا تسمَّى هذه الفترة من حياة الطفل بفترة إسقاط الأشياء.. وتدريجيًّا يتعلم من ذلك مفهوم الجاذبية، حيث يدرك أن أي شيء يلقي به يسقط على الأرض.

- ولهذا:

١ - الْعَبي معه لعبة إسقاط الشيء والتقاطه مرة أخرى أو لعبة الأخذ والعطاء، بألعاب تصدر أصواتًا لطيفة أو مصنوعة من المطاط بأحجام مختلفة، بحيث تحقق له المتعة وهي تصدر أصواتها حال السقوط؛ ولهذا فائدة أخرى ستعرفينها بعد قليل.

٢ - وفِّري له الألعاب ذات الأصوات المختلفة ليدرك طفلك كيفية انبعاث الأصوات ونغماتها المختلفة، وارتباطها بالحركة حين يقوم بهزها – وسنورد لك في نهاية الاستشارة استشارة أخرى تحتوي على مزيد من هذه الألعاب – .

٣ - وفِّري له ألعاب له مختلفة من حيث الشكل ودرجة التماسك (لينة أو صلبة من البلاستك)؛ ليبدأ في التعرف على الأشكال ودرجة التماسك المختلفة للأشياء، ولا أقصد شراء ألعاب غالية الثمن فهذا أمر غير مفضل، فطفلك في هذا العمر لا يعرف قيمة الأشياء، ويمكن أن يسبِّب تلفها ضيقًا لك ينعكس على تعاملك معه، بل من خامات البيت (أغطية علب فارغة،

أكواب، أوعية فارغة، بشرط أن تكون نظيفة دائمًا وآمنة، كبيرة الحجم إلى حد ما، وليس لها حواف أو شيء يمكن أن يؤذي الطفل).

٤ - الْعَبي معه بعض الألعاب المفيدة، مثل أن تخفي وجهك بين يديك، ثم تظهريه لـه، ثـم انـتقلي تدريجيًّا إلى الاختفاء وراء باب أو جدار مثلاً، ثـم عـودي ثانيـة للظهـور، فمثـل هـذه الألعـاب تجعل طفلك يدرك معنـى الانفـصال المؤقـت، وهـو مـا يزيـد مـن ثقتـه بنفـسه، ويقلـل مـن إحساسه بالخوف؛ فالطفل خلال الشهور الأولى يبدأ في إدراك حقيقة مهمة بالنسبة لـه، وهـي أن هناك انفصالاً بينه وبين الأشياء، فأنت - أمه - لست جزءاً منه، وإنما جسم منفصل عنـه، لكنه لا يستطيع إدراك أن بعض الأشياء تتميز بصفة الاختفاء المؤقت، فهـو يحـسب أن اللعبـة مـثلاً عنـدما تختفـي عـن ناظريـه أنهـا اختفـت للأبـد، ولم تَعُـد موجـودة، لكـن مـع الوقـت وبمساعدتك له بمثل هذه الألعاب يتعلم أن يبـدأ في البحـث عنهـا بعـد أن يـدرك تـدريجيًّا أن بعض الأشياء قد تظهر وتختفي بشكل مؤقت.

وبالتالي فمن الضروري أن تعوِّديه تدريجيًّا الانفصال المؤقـت عنـه، وتركـه في رعايـة أحـد آخـر مثل والده، على شرط أن تخبريـه بأنـك سـتعودين إليـه مـرة ثانيـة، وعنـدما تعـودين عـبِّري لـه عـن سعادتك بعودتك إليه، معبِّرة عن ذلك بيدك الممدودة لحمله، وبنبرات صـوتك مناديـة إيـاه باسـمه.. عندما تعودين سيدرك أن غيابك كان مؤقتًا، وسيتعود بالتدريج عـلى الانفـصال المؤقـت عنـك؛ ولهـذا أهمية كبيرة في عملية التعلم فيما بعد، فالطفل الذي يعتـاد الانفـصال المؤقـت عـن الأم سـيكون بـلا شك أكثر استجابة للتعلم لغياب الأم عنه أثناء عملية التعلم، عـلى ألا يـتم ذلـك بـشكل متعـسف أو لفترات طويلة، بل يكون فرصة لتدخل والده في رعايته والارتباط به

بما يعين طفلك ويؤهله للدخول بهدوء في مرحلة الاستقلال المقبلة، والانفتاح على المحيط الاجتماعي من حوله.

٥ - علِّميه فكرة الهدف والغاية من الشيء أو الفعل ورد الفعل بدحرجة كرة مثلاً أمامه، وقولي له: انظر إنها تتدحرج. فمثل هذه الألعاب ستساعد طفلك على إنماء نموه الذهني، إلى جانب نموه الحركي الملحوظ؛ حيث ستساعده على أن يتعلم بالتدريج وعلى المدى البعيد أن يفكر، وأن يقوم بأفعال مرتبة للوصول إلى أهداف محددة، ويبدأ في إدراك علاقة الفراغ أي العلو والانخفاض، والداخل والخارج، ودائمًا

استخدمي الألفاظ المعبِّرة عن ذلك (فوق، تحت، خارج، داخل..).

• ولتنمية مفهوم الحركة عنده:

١ - استبدلي الأشياء البراقة المستخدمة في تزيين فراشه - إن كانت موجودة - بأخرى مطاطية متنوعة الأشكال والأحجام؛ فسوف يساعده هذا على تعلم مفهوم الحركة حين يدفع بها أو يرتطم بها، فتتحرك أمامه، ويزيد أيضًا من تعرفه على أشكال الأشياء وطرق القيام بتحريكها.

٢ - لا تجعلي فراش طفلك موجهًا تجاه الحائط، بل دعي أمامه مجالاً للرؤية، وقومي بوضع صور ملوَّنة على الحائط، ومرآة بالقرب من فراشه؛ بحيث يمكنه رؤية حركاته المختلفة؛ فسوف يوسع هذا من مداركه ويعزِّز من إدراك الذات لديه، فعندما يرى نفسه في المرآة أشيري إليه واذكري اسمه عاليًا، وكرريه على مسامعه قولي: هذا هادي، هذا أنت.

٣ - اجعليه ينظر إلى شيء بـراق جذاب، ثم قومي بتحريكـه في اتجـاه معـين لـتري مـدى قـدرتـه عـلى متابعة هذا الجسم أو مدى نجاحه في الوصول إليه، ففي هـذا تـدريب لحواسـه عـلى العمـل والتضافر، وتنمية لإدراكه العام وذكائه.

٤ - اصحبيه معك من حجرة لأخرى، ولا تخصِّصي له حجرة دائمة، بل الأفضل تغيير مكان فراشه من وقت لآخر؛ لتزيدي مـن قدرتـه عـلى التعـرف عـلى الأشكال، والأصـوات، والـروائح المختلفـة، ومعرفته بالأشياء من حوله بما يزيد مداركه.

ويمكنك ملاحظة تقدم طفلك عبر بعض علامات النمو الذهني المهمة، والتـي يكتـسبها الطفـل خلال شهوره الأولى:

فمن تطور نموه، تعلمه القيام بأفعال مرتبة للوصول إلى أهداف محددة، فمثلاً سـتجدينه بعـد فترة يزيح بعض الأشياء ليلتقط لعبته التي سقطت منه على الأرض.. أو يدفع بيدك لـتستمري في أداء عمل يسعده.

وبتطور فهمه لفكرة الانفصال المؤقت، ستجدينه تدريجيًّا يبدأ بالبحث عن لعبته التي اختفت عن عينه، بعد أن كان يظن من قبل أنها اختفت.

وكذلك ومن العلامات الهامة على تطور نموه الذهني أن يبدأ في ممارسة ألعاب التقليـد بتقليـد صوتك وحركتك مثلاً، فهي من العلامات الدالة على قدرة الطفل على الاستيعاب والتذكر.

سيدتي.. لا تنسي أن طفلك طرفًا أساسيًّا في كل ما اقترحته عليـك؛ فرغباتـه وميولـه شرط هـام لنجاحها في تحقيق المرجو من ورائها.. حاولي أن توقظي فيه استجابته للفاعليات التي اقترحتها، ولا تتوقعي انقياده لهذه الاقتراحات بين ليلة وضحاه، فربما سار التغيير ببطء، ولكن النتيجة حتمية بإذن الله تعالى؛ فالحقائق

تشير إلى أنه ما من طفلين يمكن أن يتساويا في حدود سرعة النمو لدى كل منهما.

وفي النهاية أحب أن أختم كلامي بمقولة للدكتورة ميريام في الجزء الأول من كتابها "ذكاء الطفل":

"لكي تمنح طفلك المساعدة المناسبة في الوقت المناسب بهدف زيادة الفرص أمامه للوصول إلى طاقاته وقدراته الكامنة، يجب عليك أن توافق بين ما تقدمه له من مساعدة وبين طور النمـو الـذي يمر فيه.

إن مـساعدتك لطفلك في إكسابه المهارات بـسهولة وسرعة يجب أن لا يـدفعك لأن تقـسو وتضغط عليه للوصول إلى مستويات اعتباطية، بل كن واقعيًا ولا تبالي".

أذكرك بالمقولة الشهيرة "ما ربَّى إلا ربِّي"، فليكن دعائك الذي لا ينقطع قوله تعالى:

(رَبَّنَا هَبْ لَنَا مِنْ أَزْوَاجِنَا وَذُرِّيَّاتِنَا قُرَّةَ أَعْيُنٍ وَاجْعَلْنَا لِلْمُتَّقِينَ إِمَامًا)، وتـذكري أن صلاح الآبـاء هو أساس لقبول هذا الدعاء صلاحًا فيهم، فالله الذي أرسل الخضر الـصالح ونبيًا كريمًا ليبنـي جدارًا يحفظ به مال يتيمين لصلاح والدهما"وَكَانَ أَبُوهُمَا صَالِحًا"، هـو وحـده القـادر عـلى حفظ أبنائنـا وطفلك الغالي.

كيف نطلق إبداع الطفل من خلال الحكايات؟

سألت صغيري ذا الثماني سنوات:

"هل تفيدك قراءة القصص؟"

أثلج صدري بنعم الواثقة، وهو ما شجعني لأتحسس إجابة سـؤالـي الثاني: "وهـل تحـب حـكي القصة؟"

وكانت نعم الثانية عملية، فسرعان ما انضم لجلسة الحكايات المسائية مع إخوته الصغار.

فبرغم أنه قارئ جيد فإن للحكاية عنده سحرا خاصا، وحبا خاصا، وفائدة خاصة؛ فتعـالوا نضخ الحياة بكل ما فيها لأطفالنا صغارًا وكبارًا – سطرًا سطرًا من سطور روايات لا تنتهي..

الحكي يدفع للقراءة

تشير العديد من الدراسات الحديثة إلى أن الأطفـال الـذين يـستمعون إلى القصص والقصائد الشعرية منذ فترات مبكرة من حياتهم هم أنجح الأطفال في مدارسهم، وكلما زاد مـا يُقـرأ للطفـل أو يروى له زادت لديه الرغبة في أن يقرأ بنفسه.

وتشير الدراسات أيضًا إلى أن للقراءة النشطة بصوت مرتفع تأثيرا إيجابيا على قدرة الطفل على القراءة وجعله قارئًا، إضافة إلى أن أكثر الأنشطة أهمية لبناء المعرفة، والمساعدة في القـراءة، تـأتي مـن تعرض الطفل للقراءة بصوت مرتفع، كمـا أن الاسـتماع للقـراءة بـصوت عـالٍ قـد يـدفع الأطفـال إلى محاكاة القراءة على الغير بأنفسهم، وأظن ذلك من بين ما يـدفع ثقـة الطفـل بنفسـه، والجـرأة عـلى طرح وجهة

نظره، إضافة لإمكانية تصحيح النطق وهو ما يؤكد أهمية القراءة للطفل بشكل جيد ودقيق.

يعتبر فن الحكي من أقدم وأهم الوسائل التي استخدمتها المجتمعـات لتـورث وتنقـل عاداتهـا وتقاليدها ومعتقداتها، والقصة هي أقدم شكل من أشكال المعرفة الإنسانية.

وتأتي أهمية التواصل الشفهي "الحكي" كتفاعل اجتماعي نحاول أن نتجاوز به العزلة التـي بـدأ الآباء يشكون منها؛ حيث إن الحكي والتحاور هما الركنان الأساسيان لهذا التواصل.

نسج الخيال.. مهارة الأطفال

ولقد أثبتت الدراسات التربوية التعليمية أهمية رواية (حكي) القصة لتنمية عدد من المهـارات والقدرات التي تساعد على النمو السوي للطفل، مثل:

- تدريب الأطفال على مهارات التواصل والحديث والإنصات.

- تنمية الطفل لغويًا، وتنمية قاموسه اللغوي، والمساعدة في الإعداد للقراءة والكتابة.

- تنمية الطفل معرفيًا بإثراء معلوماتـه عـن العالـم الـواقعي والمتخيل، ومـده بكـل أنـواع المعـارف (علوم، رياضيات، تاريخ، حضارات إنسانية...)، كذلك عرض أساليب حل المشكلات.

- تدريب الطفل على الحوار واحترام الرأي والرأي الآخر.

- تنمية القدرات الإبداعية للطفل من خلال مشاركته في حكي الحكاية؛ حيث إن الرواية التي تحكي دون الاعتماد على كتاب – مستخدمة الإشارات، والإيماءات، وتعبيرات الوجه والجسد، ومحاولـة محاكاة الشخصيات بالصوت.

والحركة... تثير الأطفال وتحفزهم لتجريب رواية القصة بأنفسهم، ودفعهم لرواية قصصهم الذاتية.

- يساعد الحكي في البدء في التعرف على الآداب المختلفة وتذوقها، وهو ما يحقـق ألفـة بـين الطفـل والأدب، بل والقراءة بشكل عام.

- لعل أهم ما يحققه الحكي هذا الجو الحميم الودود الـذي يـسود جلـسة الحكـي بما يمد الطفل بالشعور بالأمان والحب، إضافة للاسترخاء والمتعة.

- تنمية خيال الطفل بإثارته لتكوين صور ذاتية عن الأشخاص والأحداث والأماكن التي يُحكى عنها. وهذا يختلف عن قراءة كتاب للطفل مصحوبًا بالصور؛ فالرواية تساعد خيال الطفل علـى نـسج الصور بنفسه، وهو ما يحتاج إليه حيث لم يعد متاحًا للطفل الفرصة الكافيـة لاستخدام خيالـه الخاص.

أي القصص نختار؟

أولى الخطوات هي اختيار القصة المناسبة للمرحلة العمرية:

- الأطفال قبل المدرسة يناسبهم القصص القصيرة التي تدور موضوعاتها حـول العلاقـات الأسريـة أو أبطالها من الحيوانات والأطفال. كما أنهم يحبون القصص الكوميدية أو الفكاهية.

- الأطفـال (٦ - ١٠سـنوات) يحبـون القـصص الخرافيـة التـي تتحـدث عـن الشخصيات الخارقـة والمغامرات، كما يجذبهم القصص المنقولة من الثقافات الأجنبية لما فيها معارف مشوقة.

- الأطفال الأكبر سنًا (١٠ - ١٢ سنة) يتقبلون القصص الواقعيـة وقصص الأبطـال التـي تتـضمن شخصية إيجابية، كما تستهويهم المغامرات والأساطير الشعبية أو حكايات ألف ليلة وليلة.

يمكن تقسيم القصة الواحدة لعدد جلسات بالنسبة للأطفال الكبـار، وأمـا الـصغار فيفـضل القصص ذات النهاية السريعة لعدم قدرتهم على التركيز والانتباه لمدة طويلة.

وأشارت " Hurbett Petti " بيتي هاربت، وهي إحدى الخبيرات في فـن روايـة القصة – لعـدة خطوات:

- تقرأ القصة لعدة أجزاء، ويفهم كل جزء ودلالته وارتباطه ببـاقي الأجزاء، مـع التأكيـد علـى أهـم الأحداث التي تتصاعد لتصل للنهاية.

- تحاول الراوية أن يكون لها أسلوبها الخاص بالتعبير والتجسيد لكل جزء مـن الحـدث بشخصياته وانفعالاته، ويستخدم التلوين الصوتي حتى تصل لأقصى الأصوات المناسبة.

- قد ترويها عدة مرات أمام المرآة للتأكد مـن التجـسيد التـام للمعـاني المختلفـة، وتـستخدم نـبرات الصوت، وتغيرها حسب الشخصيات والانفعالات المختلفة وتستخدم اليدين والأصابع وتعبيرات الوجه للتعبير عن الانفعالات المختلفة (غضب، سعادة، خوف ...).

- استخدام بعض العرائس أو الدمى وتوظف حسب الأحداث، وكذلك المجسمات التـي تـدل علـى مكان حكي الرواية.

وعن توظيف العرائس في الحكاية هناك عن طرق عدة:

- كأن تكون شخصيات تنطق بجمل حوارية.

- تقدم الحوارات الجانبية.

- قد تغنى أغنية تدخل ضمن نسيج الحكاية، ويفضل أحيانًا أن تقوم العروسة بحكي الحكاية لتنبيه الطفل، أو توجيهه، أو إرشاده أو تعديل سلوكه ويستجيب الطفل للعروسة.

١ ... ٢ .... ٣ ....ابدأ

يستحب تنبيه الطفل لوقت الحكاية للفت انتباهـه، وقـد يستخدم لـذلك جرسًا لطيفًا، أو تصفيقة، أو صفارة، أو أي شيء آخر يضفي مرحًا ويترك ذكرى جميلة لوقت الحكي.

وقد يصحب الحكي موسيقى، ثم نحفز الطفل لاستقبال الحكاية، وذلك بعدة طرق يعرضها د. كمال الدين حسين، وهي:

- مجموعة أسئلة حول الخبرات التي ستعرضها الحكاية.

- تعريف الطفل بالمؤلف، وإضافة معلومات شيقة حول المكان والزمان اللذين تتم فيهما القصة.

- عرض الغلاف والحديث من توقعات الأطفال حول الأحداث، وهـو مـا يجعلهـم يتـابعون بـشغف للوصول لتوقعاتهم وتخيلاتهم أثناء الحكي.

- تحكى الحكاية بجدية وحماس وتفاعل، ثم يتركون دقائق لاستيعاب ما سمعوه.

- يمكن أن تقدم الأم ملخصًا للقصة في النهاية وتعليقا لتوضيح المفاهيم العامة والكلمات الجديـدة، ثم تطلب رسم الشخصيات أو الجزء المحبب من القصة بالنسبة للطفل.

- ويمكن للأم أن ترسم لوحات القصة أثناء حكيهـا، أو تعـدها مـسبقًا، أو مـن المفضل أن تـشرك الأطفال معها في ذلك. وهذه الصور تمكن الأطفال من إعـادة رواية القصة، وهـو مـا يزيد مـن مهارات التواصل ويحفزهم لإبداع حكايات جديدة، وهذا النشاط ينمي المهارات الفنية واللغوية في ذات الوقت.

وهكذا تتحول القصة مـن مجرد مـصدر أدبي إلى مثير إبـداعي ابتكاري ينمـي العديد مـن القدرات.

الأدب الشعبي يعين الطفل على الإبداع وسرعة التحصيل

على الرغم من الزهو الذي يعتري عصرنا بوصفه عصر «العلم والتكنولوجيا» فهو لا يزال – أيضا – عصر الأزمة، والقلق، والعبث، أو اللامعقول، فهو سريع الإيقاع، متلاحق الأحداث لا يدع فردا خارج دورته العجلي،دون أن يشده داخلها وحين يلتفت الإنسان لا يجد حوله سندا مستقرا، أو مرجعا راسخا،فيقع فريسة مشاقه، مع وجوده، ومجتمعه، وعالمه،حيث تفتت معتقداته،وحاد فكره عن مسلكه.

هو – إذن – «الاغتراب» وإستلاب الإرادة الذي يلف عالم اليوم، مجتمعات وأفراد، فكيف السبيل إلى مقاومته وإجتيازه، نحو عالم أقل قسوة وإيلاما، وخصوصا بالنسبة إلى أطفالنا ؟

الإجابة العلمية الراهنة تؤكد على أن إستلهام «التراث الشعبي العربي والعالمي» لا يزال هو المخرج، وخصوصا عبر ما يسمي بـ «الأدب الشعبي»، بكل ما يشمله ذلك الأدب من حكايات وأمثال وألغاز وسير وملاحم.. الخ.. وذلك بوصفه أحد الوسائل المثلى للتنشئة، بغية إدراك الناشئة لمقومات الحياة.

وللقيم الجمالية التي يحفل بها هذا الأدب، الذي يمكن من خلاله تشكيل اتجاه فكري وتذوق جمالي خالص، مؤثر في أنماط سلوك الناشئة. على حد ما يذكر الباحث أحمد نبيل أحمد في أطروحته لنيل درجة الماجستير حول توظيف العناصر الخرافية في نصوص مسرح الطفل المصري، والتي أجازها مؤخرا المعهد العالي للنقد الفني بالقاهرة.

فالتراث الشعبي ليس مجرد عناصر جذب وتشويق وإثارة للخيال فحسب، بل هو – أيضا – موسوعة من المعلومات التاريخية والجغرافية، بجانب أهدافه التربوية والتعليمية.

وفي هذا يدعو الباحث إلى جمع « الحواديت» التي لا يزال يرويها الكبار للـصغار، كمـدخل إلى تنقيتها من الرواسب والمبالغات الخرافية، وعوامل الجمود، دون أن يعني ذلك مخالفة لمـنهج الـتراث الشعبي، لأن الأخير يظل إفرازا ثقافيا لبيئات متعددة، بينما الحياة تختبر الأشكال والمضامين، وتحذف وتضيف، وتعدل وتنسخ، حتى يظل هذا التراث مسايرا لمقتضيات الحياة المتطورة أبدا.

على حد تعبير الباحث، الذي عزا أهمية توظيف عناصر من الـتراث الـشعبي في ثقافة الطفـل العربي إلى ترسيخ ولائه القومي، من خلال تعرفه على أشكال هذه الفنون، التي هـي بطبيعتهـا إفـراز حضاري لثقافة الأمة.

ما أن تنشئة الطفل ثقافيا، وهو على معرفة بعناصر الإبداع الفني الشعبي يثير وعيـه بالطـابع المميز لهذا التراث بين إبداعات الشعوب الأخرى »، وقد يكـون هـذا الإبـداع الفنـي الأصيل مصدرا أساسيا من مصادر إبداع الطفل نفسه.

وقد يستلهم ذلك في إبداعاته المستقبلية، مما يحقق تواصلا ثقافيا بين الأجيال. على حـد تعبـير الباحث، الذي أشار إلى أن نتائج الدراسات الأوروبيـة والأميركيـة أثبتـت بعضها أن توظيـف العناصـر الخرافية، مثل «حكايات الجان» تشتمل على فوائـد لنمـو الأطفـال، في المـدارس المتوسطة، أي الفئـة العمرية بين ٩ – ١٤ سنة، بينما تتباين ردود أفعال قلقة بالنسبة للفئة العمرية الأقـل، عنـد تعرضـهم لأشكال العنف والعدوان في هذه الحكايات، خصوصا تلك التي تبثها محطـات الإرسال التليفزيـوني. وهو ما حدا بأحـد البـاحثين الغربيين إلى مواجهة هـذه الأشكال عبـر التوظيـف العلمـي المـدروس للحكايات الخرافية في مناهج الدراسة المقررة للأطفال في المرحلة العمرية مـن سـن ٣ إلى ٥ سـنوات. وذلك بعد أن أثبتت التجارب أن الطلاب الذين تعرضوا لروايات« الجنيات» قبل التحاقهم برياض

الأطفال استطاعوا تحقيق نتائج عالية في مستوي القراءة، مقارنة بنظرائهم، ممـن لم يتعرضـوا لتلك الروايات.

- **المسرح الخرافي**

وبالطبع فإن الدور الذي يمكن أن يلعبه « مسرح الطفل» في هذا الـشأن يتجـاوز التـأثير الـذي تلعبـه القصة أو الحكايـة، بـسبب مـا يتمتـع بـه العـرض المـسرحي مـن عناصـر إبداعيـة، كالإضافة والديكور، والمؤثرات الصوتية والموسيقا.

وهو ما حاول الباحث رصده من خلال ٢٧ نصا مسرحيا، جرى عرضها خـلال الـسنوات الـسابقة لأدباء مشهورين مثل « توفيق الحكيم» و« ألفريد فرج»، وآخرين متخصصين في مسرح الطفـل كـ « يعقوب الشاروني و« عبد التواب يوسف» و« سمير عبد الباقي» و« السيد حافظ»، وغيرهم.

ويصنف الباحث هذه الأعمال، وفقا لمصادرها المتعددة إلى مـسرحيات مثـل التـي تقـوم عـلى شخصيات رئيسية من الحيوانات، يتم أنسنتها، بغية غرس بعض السمات الحـسنة في نفوس الناشئة، كالنشاط والأمانة، وأخرى تجمع بين عالم الإنسان والحيوان، وهـي الأكثر شيوعا في مـسرح الطفل، والتي رأي الباحث أن بعضها قد نحا إلى المباشرة عبر توجيه النصح والإرشاد التي يضيق بها الأطفـال، وخاصة في مراحل الطفولة المتأخرة.

جانب آخر من تلك الأعمال استقت مادتها من الحكايات الشعبية الشائعة، وقصص ألف ليلة، والأساطير المصرية القديمة، حيث حاول مؤلفوهـا توظيـف العنـاصر الخرافيـة، مثـل « الجـان» الـذي يظهر في الحكايات الشعبية والعروض المسرحية بنفس المظهر المزدوج، حيث يقف أحيانا إلى جانب البطل بمد يد العون والمساعدة.

وأحيانا يتخذ موقفا محايدا تجاه البطل، وأحيانا أخرى قد يعرقل مصيره، كما في حكايات التاجر والعفريت في حكايات « ألف ليلة»، حيث يقف العنصر الخرافي والتمثل في العفريت في مواجهة ندية مع البطل، بغية الاقتصاص منه بعد أن قتل ابنه دون عمد، ولكنه أي العفريت يتحول عن موقفه في نهاية الحكاية، ويعفو عن التاجر، بعد أن اكتشف مدى إنسانية الإنسان.وهو ما يعكس قيمة تربوية مهمة – كما يقول الباحث – من خلال وفاء التاجر الذي قطعه على نفسه أمام « العفريت».

وكثيرا ما يجسد كتاب مسرح الطفل بعض الشخصيات الخرافية الأخرى، والتي تدور بين قوى الشر والخير، كما تتمثل في شخصية الساحر والمارد من جهة، وأهل القرية من جهة أخرى.

بينما جاء « الجان» في أحد الأعمال بصورة مغايرة للحكاية الشعبية التقليدية، فهو « جني» ضعيف، غير قادر على خدمة نفسه منتظر المساعدة الدائمة من الآخرين، وذلك من أجل تأكيد فكرة العمل، والاعتماد على النفس في صنع المستقبل وذلك باستخدام التشويق القائم على العناصر الخرافية، حيث ظهر « الجان» بصورة تثير السخرية لا الرعب في نفوس الأطفال.

كما استلهمت أعمالا أخرى بعضا من الحكايات الشعبية العالمية، مثل حكاية سندريلا، التي تحتوي على عناصر خرافية كـ الجنية الخيرة، التي تمد يد العون لـ « سندريلا» بوصف المكافأة التي يحصل عليها البطل، نظير إخلاصه وحسن صفاته.

وبينما استطاع الصياد في الحكاية الشعبية إعادة «العفريت» إلى محبسه، في القمقم، عبر الحيلة، فإنه في مسرحية « سليمان الحكيم» لـ توفيق الحكيم تعرف على صدره من خلال القناعة بحياته.

● **السخرية الجديدة**

كما تذخر مسرحيات الأطفال بالعديد من القوى السحرية، التي قد تقف مع البطل وتساعده، أو تعرقل مصيره، وتعترض طريقه. فالساحر الشرير يستغل قواه السحرية، ويغير من هيئته، في عدة أشكال، كي لا يتعرف عليه أحد، كما في مسرحية « قطر الندي» لـ « السيد حافظ».

بينما يمثل هـذا « الساحـر» في أعـمال أخـرى، رجل الحكمـة، والقـدرة علـى الإتيـان بالأفعـال الخارقة، من أجل مساعدة أهل المدينة، كما في مسرحية « رحمة وأمير الغابة المسحورة» لـ « ألفريد فرج»، حيث قدم المؤلف، من خلالها، العديد من الجوانب المعرفيـة العامة للأطفـال، ومبرزا قيمـة العمل والاختراعات الحديثة.

فقد لعبت القوى السحرية دورا تربويا مهما في مسرحيات الأطفال، كما يقول الباحث.

فالبطل المسرحي يزول عنه السحر، ليس بفعل قوى سحرية خيرة أخرى، كـما في « ألـف ليلـة وليلة»، بل بفعل أحد المبادئ، أو القيم السامية التي يسعي الكاتب إلى بثها في نفوس الأطفال، فالسحر يزول عن « الأمير» وشعبه، من سكان المدينـة بسبب مـشاعر الرحمـة، التي أبدتها بطولـة الأنثى بالحيوانات والنباتات وما حولها.

وبينما تعجز الشخصيات الإنسية المسحورة عن الحديث، في الحكايات الـشعبية، فإنهـا تصدح بالحديث، وبالحركة، على خشبة المسرح.

كما وظف العديد من كتاب مسرح الأطفال الصيغ السحرية الشهيرة في الحكايات الشعبية، وخصوصا صيغة «إفتح يا سمسم» التي وردت في حكاية « على بابا والأربعين حرامي»، والتي تمكـن البطل من فتح باب المغارة، والحصول على الكنز، بوصفه المكافأة التي ترصد للبطل الطيب « على بابا» التي وقفت

الـصيغة الـسحرية بجانبـه، بيـنما تعـترض طريـق « قاسـم» الـشرير، الطـماع. وكـأن الـصيغة السحرية - في هذه الحكاية.

بمثابة المعرفة التي يتذكرها الإنسان الطيب، وينساها كل شرير. وهي نوع من الصيغ المقبولـة، والمحببة لدى الأطفال. كما يقول الباحث فهـي «لا تثـير الخـوف أو الفـزع لـديهم، بـل تثـير الخيـال والإثارة والتشويق، فهي كلمات سحرية يقولها الطفل، عندما يصعب عليه أمر يبغي تحقيقه».

ولكن غالبا ما تكون الصيغ السحرية في تلك الحكايات أقرب إلى كلمات غامضة، كما في حكايـة التاجر والعفريت، حيث تأخذ الفتاة إناء ماء وتتكلم بكلام غير مفهوم، فتعيـد الإنـسان المـسحور في هيئة حيوان، إلى صورته الأولى. وكذلك في حكاية « الصياد والعفريت» حيث تتمكن زوجة الأمير فتح الأبواب المغلقة، بعد أن تتفوه ببعض الكلمات السحرية. وهو مـا جـري توظيفـه في مـسرح الأطفـال بغية تحقيق الإثارة والتشويق، كما في مسرحية « علي بابا» للسيد حافظ حيث يتحول عـلى بابـا مـن رجل يعطف على الفقراء، ويرفض الغش التجاري إلى لص يمقـت الفقـراء، بعـد امتلاكـه المـال الـوفير لمعرفته بالصيغة السحرية الخاصة بفتح باب المغارة. وهنـاك كـذلك الأدوات الـسحرية التـي تتعـدد صورها في الحكايات الشعبية، مثل «الخـاتم الـسحري»، «وطاقيـة الإخفـاء»، و«البـساط الـسحري»و «المرآة المسحورة» و«العصا السحرية»، و«كـيس النقـود» الـذي لا تفـرغ منـه النقـود أو «القلنـسوة المسحورة»، التي تأخذ الإنسان إلى أي مكان يريد أن يذهب إليه أو البوق الذي يمد البطـل بجنـود لا حصر لهم.

- **خيال واقعي**

ويشير الباحث إلى أن العديد من كتاب مسرح الطفل قد وظفوا الكثـير مـن الأدوات الـسحرية في أعمالهم بغية خلق عالم خيالي، مثير يعجب به الأطفال وينجذبون إليه، مع تقديم الواقـع، في ذات الآن، كما في مسرحية « حسن قرن

الفـول» سـمير عبـد البـاقي، حيـث جـري توظيـف ثـلاث أدوات سـحرية، هـي « الطبليـة المسحورة»، التي تمد صاحبها بالطعام، كلما طلب منها ذلك.

و«المغزل المسحور» الذي ينسج الملابس العجيبة، و«العصا السحرية» التي تمد صاحبها بالقوة، لكن البطل سرعان ما يفقدها لعدم محافظتـه عليهـا. بيـد أن الكاتـب عمـل عـلى تحويـل « المحـبرة القديمة» إلى أداة سحرية - في نص آخر له - والتي تـوهم البطـل بأنهـا « المـصباح الـسحري» والتـي كانت وبالا عليه، وسببا في تعاسته، على خلاف مضمونها في الحكاية الشعبية.

وذلك بغية بث قيمة تحقيق الآمال بالجد والعمل. وإذا كان القاص الشعبي قد لجأ إلى عـوالم الحيوانات والنباتات ليصوغ من خلالها حكايات تعكس مواقف إنـسانية مـؤثرة، تـتعظ بهـا الأجيـال المتلاحقة كما يقول الباحث، فقد وجدت صداها - أيضا - في مسرح الطفل، سواء في شـكلها الأليـف، أو المفترس، أو الخرافي بالنسبة لعالم الحيوان أو شكلها الرحيم أو المعادي بالنسبة لعالم النبـات.وذلـك بجانب العناصر الطبيعية الأخرى، سواء في شكلها الخرافي، مثل «الغابة المسحورة» أو الجمادات، التي تتكلم.

وتتحرك، وتتفاعل مع الشخصيات. ويخلص الباحث من ذلك إلى أن بعض كتاب مسرح الطفـل قد نجحوا في توظيف «الشخصيات الخرافية»، من خلال طرح عـدد مـن القـيم والتـساؤلات، وكـذلك الأمنيات التي يحلم كل طفل ببلوغها، ضمن قوالب عصرية شيقة، كتعبـير عـن الإمكانـات العديـدة لتلاقي المأثور مع العصر، دون أن يفقد الأول لمعان حكمتـه، وخـصوبة قيمـه، ودون أن يفقـد الثـاني بريق فاعليته المستحدثة.

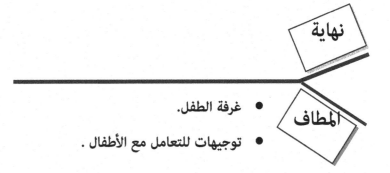

نهاية المطاف

- **غرفة الطفل.**
- **توجيهات للتعامل مع الأطفال .**

كيف تصممين غرفة طفلك؟

إذا كنت تجهــزين غرفــة طفلـك وهـو في عمر يـستطيع فيـه التعبـير عـن نفسـه واحتياجاتـه وهواياته فمن الأفضل احترام آرائه ومساعدته في تجهيز غرفته وإعدادها بشكل يطلق طاقاته للإبداع ويحقق لـه بعض الاستقلالية لـذا فاتركي لـه بعض الحريـة في الاختيـار, وإذا وجدت أن اختياراتـه لا تناسبه من الناحية النفسية والصحية عليك أن توجهيه لاختيـار آخـر بـالحوار والمناقشة، ولا تفرضي عليه ذوقك الخاص فقد تجعلينه ينفر من غرفته أو يشعر بالاغتراب أو يصبح عدواني أو انطوائي.

ينصح مصممو الديكور بعدم استخدام أوراق الجدران في غرف الأطفال وعـدم صرف ميزانيـة كبيرة على اللمسات التكميلية فيها, فورق الحائط مهما كان جيـداً فلـن يتحمـل أولى تجـارب طفلك المستمرة في الكتابة.

ولن يتحمل تجاربك المستمرة في التنظيف مـن أجـل إزالـة هـذه المحـاولات, لـذا فـإن الطـلاء السهل التنظيف هو الحل الأمثل.

والطفل في مراحله المختلفة يحتاج إلى الألوان المبهجة والمشرقة؛ لأنها تطلق لأحاسيسه العنـان وتغلفها بجو من الفرحة والتفاؤل, ويؤكد التربويون أن الألوان تمثل جانباً مهماً في حياة الطفـل, فلهـا تأثير كبير في جذب انتباه الأطفال وتمنحهم جوّاً من السعادة.

وفيما يتعلق بأثاث حجرة طفلك فإنه يختلـف بـاختلاف عمـر الطفـل, فعنـدما يكـون رضيعـاً يحتاج إلى مجموعة من الأثاث الخاص به من سرير بحواجز تمنعـه مـن الـسقوط، وطاولـة تـستخدم لتغيير الحفاظات، بالإضافة إلى عدد من الأدراج والأرفف للتخزين.

أما عندما يصبح في سن المدرسة فهو يحتاج إلى سرير أكبر، وطاولة للدراسة وممارسة الهوايـات المختلفة، وهكذا.. لذلك حاولي أن تتناسب اختياراتك للأثاث مع احتياجات طفلك المتغيرة.

وجدير بالذكر أن في الأسواق أسرة من الممكن تكبيرها لتتناسب مع مراحل نمو الطفل المختلفة وهي تعتبر اقتصادية وعملية، إضافة لكونها أنيقة وجذابة.

والطفل دائم الحركة وبشكل سريع؛ لذلك يفضل أن تكون القطع المكونـة لغرفتـه ذات حجـم صغير حتى تتيح له فرصة للانطلاق؛ لأن المساحات الضيقة تخنق الطفل وتـشعره بأنـه داخـل سـجن مما يؤثر سلباً في صحته النفسية وقدرته على التفكير.

وللإضاءة دور فعال في غرفة طفلك فهـي التـي تـبرز مكونـات الغرفـة وتترجمها إلى أحاسـيس دافئة في وجدان الطفل, ويفضل استخدام مصابيح الإنارة المباشرة للدراسـة، ومـصابيح الـسقف (غـير المتدلية) للإضاءة العامة ومصابيح ليلية توفر إضاءة خافته أثناء النوم .

نقاط مهمة لسلامة طفلك في غرفة النوم

إن الاهتمام بالأمان هام جداً في غرفة النوم في السنة الأولى من حياة طفلك لأنها الغرفة التي يقضي فيها طفلك أغلب وقته - إن نائماً أو أثناء الإرضاع أو أثناء تغيير حافظه.

ـ اشتري سريراً قوياً ذا حواف دائرية. وإذا كان للسرير سياج جانبي متحرك تأكدي من أن له مـشبك قوي لا يمكن للطفل حله وإصابة أصابعه. احـرصي علـى أن تكـون الفرشـة منخفـضة بحيـث لا يستطيع الطفل الخروج حتى لو وقف.

ـ لا تستعملي وسادة في سرير طفلك وإذا أردت أن ترفعي رأسه ضعي وسادة تحت الفرشة. استعملي دائماً فرشة أمينة لها فتحات هوائية تطلق احتمال الاختناق بالسماح لأي قياء بالتسرب من خلالها.

ـ لا تتركي مدفئة كهربائية أو غازية مشتعلة في غرفة طفلك أثناء نومه.

ـ علقي الأشياء المتحركة بعيداً عن متناول طفلك.

ـ إشتري ثياباً للنوم وفراشاً غير قابلة للاشتعال.

ـ ضعي أدوات تغيير حفاظ طفلك قرب مفرش التغيير ولا تضعيها أبداً فوقه حتى لا تقع على الطفل. ولا تتركي طفلك وحدك على مفرش التغيير حتى لا يتدحرج عنها.

ـ استعملي أضواء معلقة على الحائط أو السقف لا أضواء قابلة للحمل والتحريك.

ـ لا تضعي أي أثاث خفيف الـوزن في غرفة نـوم طفلـك فقـد يقلبـه علـى نفسه. حـاولي شراء أثاث مستدير الحواف.

غرفة طفلك من سن الثالثة وحتى السابعة

طفلك الآن في الثالثة من عمره يمكنه الصعود والنزول من السرير بمفرده كما إن ملابسه وأغراضه تكثر يوما بعد يوم في دولابه الصغير وقد أصبح الدولاب ضيقا عما في السابق ألعابه كثرت، وأصبحت تحتل كل ركن في الغرفة إذا ما العمل؟؟

١- إخراج الطفل من غرفة والديه بالتدريج إذا كان مازال يشاركهم فيها .

٢- يستبدل سرير الطفل الرضيع بسرير اعتيادي مزود بحواجز قابلة للإزالة، ويمكن استبدال الدولاب بآخر اكبر منه أو إضافة دولاب ذو أدراج ورفوف لاستيعاب جميع ملابسه وأغراضه كما يمكنك الاستغناء عن دولاب تغيير الحفاظ، أو استغلاله في تخزين الألعاب بوضعها داخل صناديق جميلة خاصة، وترتيبها فوقه وداخل رفوفه.

٣- تستبدل الإكسسوارات التي توحي أنها غرفة طفل رضيع بأخرى تناسب طفل في سن الروضة والمدرسة وغذى إدراكه بإكسسوارات أكبر وأشمل.

٤- طفلك في هذا السن يصبح أكثر استقلالية يوما بعد يوم ويحتاج للخصوصية ولوقت يرتاح فيه بمفرده إذاً يجب توفير ذلك الجو له في غرفته خصوصا إذا كانت مشتركة بينه وبين أحد إخوته وذلك بإتباع ما يلي :

أ) خصصي له رفوف خاصة به وحده لوضع قصصه المفضلة أو أدراج صغيرة لوضع خصوصياته الصغيرة المهمة بالنسبة له. ويمكن تعليق جيوب متعددة الأحجام من القماش مثلا بجانب سريره تكون خاصة به ليضع فيها قصصه وألعابه الصغيرة فذلك يفرحه كثيرا.

ب) خصصي له طاولة صغيرة مع كرسي سيستفيد منها كثيرا عندما يرسم ويلون، أو يشكل بالصلصال.

٥- بعد سن الرابعة، تبدأ البنت بالانجذاب لألوان الفتيات الرقيقة مثل الأحمر والزهري والبنفسجي

وتتجه لألعاب الفتيات أما الولد فيفضل الألوان القوية النشطة مثل الأصفر , الأزرق , الأحمر , الأخضر ويتجه لألعاب الفتيان وبالتالي يجب مراعاة ذلك في ديكور غرفة الطفل فغرفة الفتاة ليست كغرفة الفتيان.

أما إذا كان لديك ابن وابنه يتشاركان في غرفة واحدة فلا بأس ...و اختاري ألوان محايدة تناسب الاثنين معا كالفستقي , البنفسجي , الليموني، أو مزيج من السماوي مع الزهري.

٦- في هذه السن يتعلم الطفل النظام والترتيب فيجب توفير أمور مهمة وأساسية في غرفته تشعره بمسؤولية وضع كل شيء في مكانه الصحيح مثلا:

أ) وضع رف صغير خاص بتخزين الأحذية فقط.

ب) وضع شماعات الملابس بعلو مناسب بحيث يستطيع تعليق ملابسه بنفسه.

ت) توفير رفوف أو صناديق خاصة بتخزين ألعابه حين الانتهاء من اللعب.

٧- عندما يصل الطفل لسن السادسة يكون قد أدرك تماما ما معنى احترام خصوصياته وخصوصيات الآخرين واحترام النظام ووضع كل شيء بمكانه المناسب والصحيح ويكون قد وصل إلى المرحلة الابتدائية، فهو الآن رجل صغير أو فتاة صغيرة، ويعرف ماذا يريد وبالتالي :

أ) يمكنك مشاورته في ألوان ديكور الغرفة وبعض قطع الإكسسوار إذا أراد التغيير.

ب) يجب توفير مساحة كافية للتحرك النشط والسريع.

ت) يمكن وضع كراسي أو كنبة مخصصة لاستقبال أصدقائه وأقرانه في غرفته .

٨- في سن السادسة والسابعة، ستستهويه فكرة جعل ديكور غرفتـه جميعـه بشخصيه كرتونيـة محببة إلى نفسه لا بأس... لكن لا تنساقي وراء رغبته تماما فلن يلبث وقت طويـل حتى يغـير فكرته تماما ويمكن أن التغير في الإكسسوارات المكملـة بحيـث إذا كبر قليلا ومل مـن هـذه الفكرة لن تضطري لتغيير الديكور الأساسي في الغرفة.

٩- الديكور التعليمي فكرة جيدة وممتعة في ذات الوقت لكن يحتج دقة في اختيـار مـا يناسـب سن الطفل لأنه يتطور بتقدم سن الطفل .

الديكور.. في دنيا الطفولة

تكتسب ديكورات غرف الأطفال أهمية كبيرة في دائـرة اهتمامـات الطفل مـن جهـة وتربيتـه وتنمية مداركه من جهة أخرى، فتراعى في تجهيز غرفة الطفل اهتماماته وسعة خياله ومغامراته .

وحول موضوع التجهيزات المنزلية لغرفة الطفل ومستلزماته أجريت دراسات نفسية وأبحـاث عديدة اتفقت جميعها على ضرورة الاهتمام اللازم باختيار الألوان المناسبة لعمر الطفل والقريبة مـن نفسيته فنختار لغرفته موبيليا مختلفة تتناسب وميوله وتشبع غريزته الطفولية.

فالسرير المفصل وفق مقاسات تناسب طول الطفل وحجمه تم فرشه بمفرش متعدد الألوان والصور مع وسادة ملونة بألوان هادئة تهدىء من انفعالات الطفل وحركته المستمرة يزين السرير بألعاب تناسب سن الطفل تكسر وحدته.

وقد يكون السرير مؤلفا من طابقين إذا كان للعائلة أكثر من طفل حيث توضع للسرير الحواجز التي تقيه من السقوط في الليل وأثناء النوم بالإضافة إلى الستائر الملونة بألوان زاهية وفرائحية كما تجهز غرفة الطفل بالخزائن اللازمة لاحتواء مستلزماته اليومية من الملابس والكتب والدفاتر والألعاب حيث يفرح الطفل عندما يرى مقتنياته الشخصية محيطة به تعلو الخزانة مناظر وألعاب كبيرة يزين بها هذا الجزء من الخزانة وطاولة صغيرة من الخشب أو الزان مخصصة لإنجاز عمله المدرسي وليفرغ عليها كل ما استجد في مخيلته يزدان جمال الطاولة بالمصابيح المعبرة عن الطفولة وهكذا اجتمعت في غرفة الطفل ألوان السعادة والمرح وازدانت ارجاؤها بالصور والألعاب وصارت معبرة عن حياته اليومية بشكل مصغر يوفر كل احتياجاته في مكان واحد.

توجيهات للتعامل مع الأطفال

هذه بعض التوجيهات التربوية حول تربية الأبناء الأطفال، انتقيتها مـن كتـب التربيـة وعلـم النفس ومن تجارب الحياة، وهي ما يأتي:

أولاً: تبدأ تتحدد شخصية الابن أو البنت مـن السـنة الثانيـة؛ لـذا لابـد أن نبـدأ معـه بترسـيخ العقيدة، وحب اللـه، والآداب الإسلامية، والصدق، والتقـدير، بـالرفق والأسـلوب الحـسن، عـن عائشة رضي اللـه عنها قالت: قال رسول اللـه صلى اللـه عليه وسلم: "إن اللـه رفيق يحب الرفق، ويعطي على الرفق ما لا يعطي على العنف، وما لا يعطي على ما سواه"، (رواه مسلم). وعنها رضي اللـه عنها قالت: قال رسول اللـه صلى اللـه عليه وسلم: "إن الرفـق لا يكـون في شيء إلا زانه، ولا ينزع من شيء إلا شانه" (رواه مسلم).

وقد أثبتت الدراسات والبحوث التي أجريت في هذا المجال أن لأساليب التربية الخاطئة ـ مثل القوة والتدليل ـ آثارا سلبية على تربية الأبناء وسلوكهم.

ثانياً: زرع المحبة والعطف:

يحتاج الطفل إلى أن يكون محل محبة الآخرين وعطفهم، ويتغذى عاطفياً من خلال ما يجـد من أمه وأبيه وذويه، كما يتغذى جسدياً بالطعام الذي ينمي جسده ويبعث فيه دفء الحياة، وقد وجه شرعنا المطهر إلى ذلك، عن أبي هريرة رضي اللـه عنه قال: قبّل النبي صلى اللـه عليه وسلم الحسن بن علي رضي اللـه عنهما وعنده الأقرع بن حابس فقال: إن لي عشرة مـن الولد مـا قبلـت منهم أحداً. فنظر إليه رسول اللـه صلى اللـه عليه وسلم فقال: "مـن لا يـرحم لا يُـرحم"، (متفـق عليه).

هكذا يوصي الرسول صلى الـلـه عليه وسلم إلى تكوين العلاقة العاطفيـة مـع الأنبـاء، ولأنهـم حينما يحرمونها من الآباء والإخوان سوف تتأثر صحتهم النفـسية، وقـد يلجـؤون إلى أصـدقاء الـسوء الذين يحاولون أن يصطادونهم بالعبارات المنمقة ثم يوقعونهم في الانحرافات.

ثالثاً: الحاجة إلى اللعب والمغامرة والمخاطرة:

يحتاج الأطفال للعب والمغامرة من خلال لـون النـشاط والألعـاب التـي يقومـون بهـا؛ وذلـك لتجريب قدراتهم ولاكتساب مزيد من القدرات والتغلب على الصعوبات ويبالغ بعض الآباء والأمهات في منعهم، إلا أن شيئا من المغامرة والتجريب مهم لنمو شخصية الطفل وقدراته.

رابعاً:ملاحظة المواهب والقدرات لدى الأبناء:

والاهتمام بجوانب الإبداع لدى الابن ورعايتهـا بمـا يناسـبها ويتـوفر لـدى الأب، فتقـديم تلـك الرعاية سوف يفيد الابن كثيراً، ورغم أهمية رعاية الأبناء الموهوبين مـن المؤسـسات التربويـة إلا أنـه ينبغي ألا يهمل الأب ابنه وينتظر المؤسسات الأخرى.

خامساً: الحاجة إلى الأمن:

يدرك الأطفال ما هم عليه من ضعف، ويشعرون بحاجتهم إلى من يحميهم ويرعـاهم، وهـم يحتاجون إلى حضن دافئ ممن هم أكبر منهم سناً وأعظم قدرة، ويلجأ الإنسان كلما انتابه ما يهدده أو يفزعه إلى تلـك القـوة التـي تمـده بـالأمن والاسـتقرار؛ ولـذا ينبغـي أن تـستثمر في تعليـقهم بـالله والاعتماد عليه؛ لأنه هو سبحانه مصدر قوة المسلم وأمنه وسعادته.

التربية بالحب

بات شائعاً لدى الكثير منا أن مانحمله من أفكار بشأن العلاقة مع أبنائنا ينبغي أن يحاكم وأن يوضع في الميزان وهناك اتفاق على أنه ينبغي أن نعيد النظر في كثير من أشكال تربيتنا لأبنائنا كما ينبغي أن نفكر جدياً للحصول على إجابة سؤال مهم هو .. كيف ينبغي أن تكون هذه التربية ؟؟

فأنا مضطر في كثير من الأحيان لدراسة الواقع الذي أعيشه و أبحث بأسلوب علمي ، حتى أثبت أن أسلوباً ما في التربية له نتائج ضارة .

وهناك قواعد كثيرة حددها الوحي قد انتبه إليها وقد لا انتبه .

والآن يمكن أن نطرح السؤال التالي .. هل نستطيع أن نربي بالحب ؟؟ وهو سؤال يترتب عليه جملة من الأسئلة أهمها ... ماهو الحب ؟؟

وكيف يولد في نفوس الناس ؟؟ وما أنواعه ؟؟ وما معيار الحب الحقيقي؟

وهل للحب لغة ؟؟

نحن نعلم أن الناس جميعاً لديهم جملة من الحاجات العضوية كالحاجة إلى الطعام و الشراب و النوم و الراحة و الحاجة الجنسية ، ، وليهم أيضاً جملة من الحاجات النفسية : منها .. الحاجة إلى الحب .

و كِلا النوعين من الحاجات لابد من اشباعها حتى يشعر الفرد منا بالتوازن ، ذلك أن عـدم إشباعها يجعلنا نحس بفقدان التوازن أو إختلالها.

ولكن ما الفرق بين الحاجات العضوية والحاجات النفسية ؟؟

الفرق في نقطة مهمة "إن عدم إشباع معظم الحاجات العضوية يـؤدي إلى المـوت ، ، ولكن الحاجات النفسية ليست كالحاجات العضوية التي ذكرناها . فعدم إشباع الحاجات النفسية لايؤدي إلى الموت ولكنه يترك أثراً خطيراً على الشخصية ، ، يبدو هذا الأثر في سلوك الفرد ومقدار سـعادته ، كما يبدو أثناء تعامله مع غيره "

فالحب إذن ... عاطفة إنسانية تتمركز حول شخص أو شيء أو مكان أو فكرة وتسمى هـذه العاطفة باسم مركزها فهي تارة عاطفة حب الوطن حين تتمركـز حـول الـوطن وتارة أخرى عاطفـة الأمومة حين تتمركز عاطفة الأم حول طفلها ,, وهكذا.

كل مافيه الحب فهو وحده الحياة , ولو كان صغيراً لا خطر له , ولو كان خسيساً لا قيمة لـه ، كأن الحبيب يتخذ في وجودنا صورة معنوية من القلب ، والقلب عـلى صـغره يخرج منه كل الـدم ويعود إليه كل الدم .

والحب أيضاً حاجـة نفسية تحتـاج إلى إشباع باستمرار فكيـف تتكون هـذه العاطفـة التـي بتكوينها عند الأم تشبع الحاجة للحب عند الطفل .

دعونا نقف عند حديث قدسي ، ، ، يقول اللـه عز وجل في الحديث القدسي { ومـا تقـرب إلى عبدٌ بأحب إلى مما افترضته عليه و مايزال عبدي يتقرب إلى بالنوافل حتـى أحبـه فـإذا أحببته كنـت سمعه الذي يسمع به وبصره الذي يبصر به ويده التي يبطش بها ورجله التي يمشي بها } .

في هذا الحديث القدسي عدة قواعد لابد لنا من الوقوف عندها ...

أولاً " حب اللـه لأداء عبده للفرائض "

ثانياً "النوافل طريقٌ لتقرب العبد العبد إلى اللـه "

ثالثاً " تقرب العبد إلى الـلـه بالنوافل مدعاة لحب الـلـه للعبد "

ومن نتائج حب الـلـه للعبد ، ، أن العبد يملك عنئذٍ جملـة مـن وسـائل التمييـز فـلا يـرى ولا يسمع إلا مايرضي الـلـه ولا يمشي ولا يفعل إلا ما يرضي الـلـه .

بمعنى آخر : أن حب الـلـه وهو الغني عن العباد هو نتيجة لما يقوم به العبد من أداءٍ للنوافل .

ويمكن صياغة هذه القاعدة بالآتي [إن العطاء طريق الحب] .والعطاء يقدمـه العبـد والحـب من الرب .

مع أن الـلـه تبارك وتعالى غنيٌ عن أداء كل العبـاد لفروضـهم نـاهيكم عـن نـوافلهم . ولكنهـا قاعدة أراد الـلـه وهو الأعلم أن يعلمنـا إياهـا وهـي ((أن مـن يريـد أن يكـسب الحـب فليبـدأ هـو بالعطاء))،أي فليقدم العطاء، عطاءٌ فوق المفروض عليه، عطاءٌ يتعدى الواجب أداءه لله،والنافلـة هنـا وهي عمل فوق المفروض كانت سبباً لمحبة الـلـه .

وفي موقع آخر يؤكد رب العالمين على لسان من اقتدروا على الحب الحقيقي أن عطاءهم لوجه الـلـه وليس ابتغاء مردود يحصلون عليه من الناس { إنما نطعمكم لوجه الـلـه لانريد منكم جـزاءً ولا شكُوراً } .

وإذا عدنا إلى علاقة الحب بين الأم وولدها،لتبين لنا أن حب الأم وولدها، لتَبيّن لنا أن حب الأم لولدها،مثل النوع الأول من الحب (الحب الحقيقي) الحب الذي لا تبغـي الأم مـن ورائـه مـردود أو نتيجة، إنما هو حبٌ مغروس في أصل خلقتها، إنه حبٌ فطري جُبلت عليه ولم تتعلمه وإن كان هـذا الحب قد يفسد بسبب التربية غير السليمة للأم،فيتحول إلى ما يمكن تسميته بحب كشف

الحساب . ذلك الحب الذي يتمركز حول من يقدمه وليس حول من يُقدم لـه وهـو مـا يمكـن تسميته بالحب النرجسي .

إذاً الحب النرجسي هو حبٌ أناني ، حبٌ للذات وليس للآخر ، حبٌ يعتمد على الأخـذ فيحيـل صاحبه إلى فردٍ ذو شخصية دوامية تبتلع ما يحيط بها . إن من كانت شخصيته ذو حبٍ نرجسي فإنـه يريد أن يبتلع كل ما حوله ليصب في ذاته .

شخصية من هذا القبيل تحب غيرها ..نعم ، ولكن طالما أن الغير يحقق لهـا مـا تريـد ويـشبع حاجاتها ورغباتها ويعظمها ويبجلها ويعطيها وحين يتوقف الآخر عن العطاء ولو كان توقفاً بسيطاً أو يقصر ولو قليلاً .. يتوقف الحب مباشرةً .

و كِلا النوعين من الحب النرجسي والحقيقي فـيهما عطـاء،ولكن الحـب الحقيقـي عطـاءٌ دائـم ومستمر هدفه مصلحة المحبوب، تماماً كما تفعل الأم مع طفلها .

وفي الثاني أيضاً عطاء ولكنه عطاٌ مشروط بجملة من الـشروط، حـبٌ فيـه يتوقـف المحب عـن العطاء بمجرد توقف المحبوب عن الرد، حبٌ يدور حول ذات المحب وليس حول ذات المحبوب، حبٌ يجعل المحب يصدر كشف الحساب فوراً ودون تردد، ويريه كم ضـحى مـن أجلـه وكـم أعطـاه وكـم حرم نفسه من النعيم من أجله. حبٌ يظهر كشفاً طويلاً من العطاء كما يُظهر كماً كبيراً مـن الجحـود من قِبلِ المحبوب، حيث يعتمد عل إظهار المن في العطاء من المحب والجحود من المحبوب .

ودعونا نقرأ الحديثين التاليين لنتعرف أكثر على هذين النوعين ولنعرف هل حبنـا لأبنائنـا حـبٌ حقيقي أم نرجسي .

سمع أبو هريرة رسول الـلـه صلى الـلـه عليه وسلم يقول [كانت امرأتان معهما ابناهما، جـاء الذئب فذهب بابن إحداهما، فقالت صاحبتها إنما ذهب بابنكِ وقالت

الأخرى إنما ذهب بابنكِ أنتِ فتحاكمتا إلى داوود فقضى به للكبرى، فخرجتـا عـلى سـليمان بـن داوود فاخبرتاه فقال : ائتوني بالسكين اشقه بينهما . فقالت الصغرى: لا تفعل يرحمك اللـه هو ابنهـا فقضى به للصغرى] .

لن نقف عند هذا الحديث كثيراً لأنه واضح وضوح الشمس و أوضح ما فيه أن الأم الحقيقيـة وهي الصغرى رضيت أن يؤخذ ابنها منها طالما أنه سيبقى حيّاً سـليماً ، وذلك مـن شـدة حبهـا لها وخوفها عليه ولو أدى ذلك الإبعاد إلى حزنها الشديد .

لقد ضحت هذه الأم بوجود ابنها معها في سبيل مصلحته الكامنة في بقائه عـلى قيـد الحيـاة ، وهذا بالطبع ما تريده كل أم .

قائمة المراجع :

١- سامي "محمد هشام" حريز وأنجاد "محمد هشام " حريز: تأديب الطفل من المنظور الإسلامي والتربوي. دار البداية: عمّان. ط١، ١٤٢٦ هـ - ٢٠٠٧م.

٢- محمد نور سويد: منهج التربية النبوية للطفل. دار الوفاء: المنصورة. ط٤، ١٤١٣ هـ - ١٩٩٣م.

٣- محمد بن مقبل بن محمد المقبل: الأولاد وتربيتهم في ضوء الإسلام. دار العاصمة: الرياض. ط١، ١٩٨٦م.

٤- أحمد خليل القرعان: الطفولة المبكرة - خصائصها - مشاكلها - حلولها. دار الإسراء: عمّان. ط١، ٢٠٠٤م.

٥- عبد السلام عطوة الفندي: تربية الطفل في الإسلام - أطوارها -وآثارها - وثمارها. دار ابن حزم ودار الرازي: عمّان. ط١، ١٤٢٤ هـ - ٢٠٠٣م.

٦- محمد أحمد الصالح: الطفل في الشريعة الإسلامية. مطابع الفرزدق. ط٢،١٤٠٣ هـ.

٧- محمد جمال الدين علي محفوظ: التربية الإسلامية للطفل والمراهق. دار الاعتصام: مصر. ط١، ١٩٨٦م.

٨- د. مفيد نجيب حواشين وزيدان نجيب حواشين: إرشاد الطفل وتوجيهه. دار الفكر: عمّان. ط١، ١٤٢٣هـ-٢٠٠٤م.

٩- مصطفى حجازي: ثقافة الطفل العربي بين التغريب والأصالة. "سلسلة الثقافة القومية"، بيروت. ط١، ١٩٩٠ م.

١٠- محيي الدين أحمد حسين: التنشئة الأسرية والأبناء الصغاء. الهيئة المصرية العامة للكتاب: القاهرة، ط١، ١٩٨٧م.

١١- إبراهيم الخطيب وآخرون: التنشئة الاجتماعية للطفل. دار الثقافة: عمان. ط١، ٢٠٠٣م.

١٢- مساعده وجرادات وآخرون: النمو البدني للطفل. دار الكندي: إربد. ط١، ١٩٩١م.

١٣- مختار وبواليز: طرق دراسة الطفولة. دار الفكر: عمان، ط١، ١٩٩٠م.

١٤- يسري صادق: تصميم البرنامج التربوي للطفل في مرحلة ما قبل المدرسة الابتدائية. دار الفكر الجامعي: القاهرة. ط١، ١٩٨٧م.

١٥- زيدان حواشين ومفيد حواشين: اتجاهات حديثة في تربية الطفل. دار الفكر: عمّان. ط١، ١٩٩٠م.

١٦- هاري الهيتي: ثقافة الأطفال. سلسلة عالم المعرفة، ١٣٢، ط١، ١٩٨٨م.

قائمة مواقع الانترنت:

- http://www.childclinic.net/pain/nutrition.html
- http://www.psnhc.med.sa/deseases/health/bregnent_berth/feedind٧-٩m.htm
- http://www.alnilin.com/women/atfa١.htm
- http://mynono.hawaaworld.com/mnono/modules.php?name=News&new_topic=٦
- http://vb.alrames.net/showthread.php/t=١٠٥٩
- http://www.islamweb.net/ver٢/archive/readArt.php?lang=A&id=٤٣٤٣١
- http://www.mzunh.com/pregnant/modules.php/name=News&new_topic=١
- http://www.alfrasha.com/archive/index.php/t-٣١٠.html
- http://www.tabeebe.com/vb/showthread.php/t=٥٨٦٢٩
- http://www.quran-radio.com/wm_morabia٩.htm
- http://www.islamonline.net/Arabic/history/١٤٢٢/٠٩/article١٧.shtml
- http://www.balagh.com/woman/tefl/٨n٠xq٨٧o.htm
- د.عبدالعزيزالعثيمين استشاري تغذيةعلاجية [center] http://www.majdah.com/vb/showthread.php?t=٥٣٤٧
- http://www.almarefah.com/article.php/id=١٢٦٠

قائمة المحتويات:

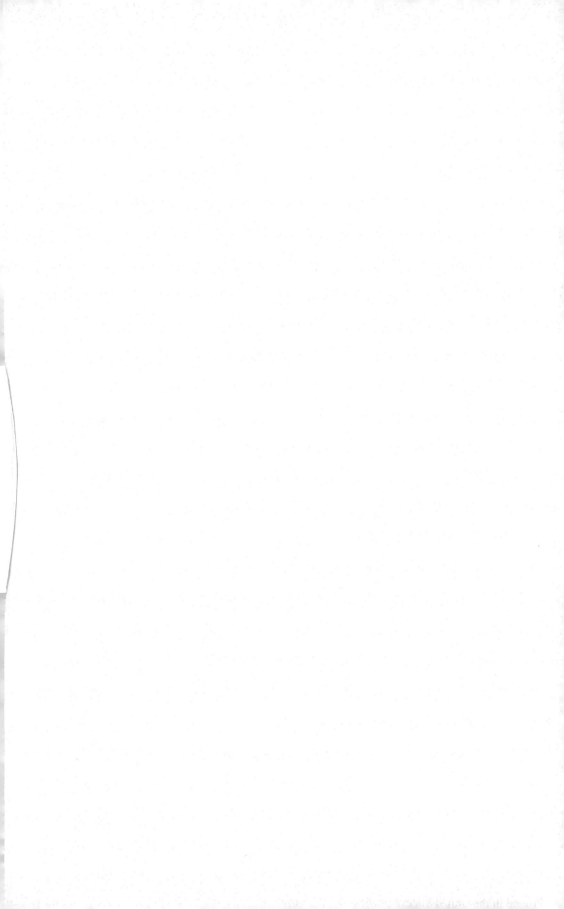

T0137512

Printed in the United States